U0578919

权威·前沿·原创

皮书系列为
"十二五""十三五"国家重点图书出版规划项目

街道蓝皮书

BLUE BOOK OF
SUB-DISTRICT OFFICE

北京街道发展报告 *No.2*
月坛篇

THE DEVELOPMENT OF BEIJING'S SUB-DISTRICT OFFICES No.2:
YUETAN CHAPTER

主　编／连玉明
执行主编／朱颖慧　邢旭东　张俊立

社会科学文献出版社
SOCIAL SCIENCES ACADEMIC PRESS (CHINA)

图书在版编目（CIP）数据

北京街道发展报告. No. 2. 月坛篇／连玉明主编
. --北京：社会科学文献出版社，2018. 12
（街道蓝皮书）
ISBN 978 - 7 - 5201 - 3968 - 7

Ⅰ. ①北…　Ⅱ. ①连…　Ⅲ. ①城市道路 - 城市建设 -
研究报告 - 西城区　Ⅳ. ①D669. 3

中国版本图书馆 CIP 数据核字（2018）第 274139 号

街道蓝皮书
北京街道发展报告 No. 2 月坛篇

主　　编／连玉明
执行主编／朱颖慧　邢旭东　张俊立

出 版 人／谢寿光
项目统筹／邓泳红　郑庆寰
责任编辑／郑庆寰　王蓓遥

出　　版／社会科学文献出版社·皮书出版分社（010）59367127
　　　　　地址：北京市北三环中路甲 29 号院华龙大厦　邮编：100029
　　　　　网址：www. ssap. com. cn
发　　行／市场营销中心（010）59367081　59367083
印　　装／三河市龙林印务有限公司

规　　格／开 本：787mm × 1092mm　1/16
　　　　　印 张：17　字 数：256 千字
版　　次／2018 年 12 月第 1 版　2018 年 12 月第 1 次印刷
书　　号／ISBN 978 - 7 - 5201 - 3968 - 7
定　　价／128. 00 元

皮书序列号／PSN B - 2016 - 538 - 2/15

本书如有印装质量问题，请与读者服务中心（010 - 59367028）联系

▲ 版权所有 翻印必究

北京国际城市发展研究院社会建设研究重点项目

北京市社会发展研究中心西城区街道发展研究重点项目

北京国际城市文化交流基金会智库工程出版基金资助项目

街道蓝皮书编委会

编委会主任　卢映川　王少峰

编委会副主任　王　飞　郁　治

编　　　委　（按姓氏笔画排序）

马光明　王　毅　王中峰　王书广　王乐斌

王其志　尹一新　史　锋　白　杨　毕军东

刘　倩　许晓红　许德彬　孙广俊　孙晓临

苏　昊　李　婕　李　薇　李丽京　李健希

吴立军　何焕平　陈　新　陈振海　周　沫

庞成立　宫　浩　贾冬梅　高　翔　高兴春

海　峰　桑硼飞　彭秀颖　彭启宝　谢　静

魏建明

《北京街道发展报告 No. 2 月坛篇》
编 写 组

总　策　划　李　薇　连玉明　朱颖慧

主　　　编　连玉明

执 行 主 编　朱颖慧　邢旭东　张俊立

副 主 编　李　帅　赵　昆

核心研究人员　（按姓氏笔画排序）

王　琨　　王苏阳　　王彬彬　　邢旭东　　朱永明

朱盼盼　　朱颖慧　　刘　征　　米雅钊　　李　帅

连玉明　　吴　佳　　张　南　　张　涛　　张俊立

陈　慧　　陈盈瑾　　陈惠阳　　郎慧慧　　孟芳芳

赵　昆　　姜思宇　　贾冬梅　　高桂芳　　唐　平

康晓彤　　翟萌萌

主编简介

连玉明 著名城市专家，教授，工学博士，北京国际城市发展研究院院长，全国政协委员，北京市朝阳区政协副主席。兼任北京市人民政府专家咨询委员会委员，北京市社会科学界联合会副主席，北京市哲学社会科学京津冀协同发展研究基地首席专家，基于大数据的城市科学研究北京市重点实验室主任，北京市社会发展研究中心理事长，北京奥运功能区首席规划师，北京新机场临空经济区发展规划首席战略顾问。2013～2017年，在贵阳市挂职市长助理，兼任贵州大学贵阳创新驱动发展战略研究院院长、大数据战略重点实验室主任。

研究领域为城市学、决策学和社会学，近年来致力于大数据战略研究。著有《城市的觉醒》《首都战略定位》《重新认识世界城市》《块数据：大数据时代真正到来的标志》《块数据2.0：大数据时代的范式革命》《块数据3.0：秩序互联网与主权区块链》《块数据4.0：人工智能时代的激活数据学》《块数据5.0：数据社会学的理论和方法》等，主编《大数据蓝皮书：中国大数据发展报告》《社会管理蓝皮书：中国社会管理创新报告》《街道蓝皮书：北京街道发展报告》《贵阳蓝皮书：贵阳城市创新发展报告》《临空经济蓝皮书：中国临空经济发展报告》等。主持编制了北京市西城区、朝阳区、门头沟区和贵州省贵阳市"十三五"社会治理专项规划。

摘　要

　　构建超大城市有效治理体系是首都发展的要务。作为首都功能核心区，西城区带头以"四个意识"做好首都工作，坚持深入推进科学治理，全面提升发展品质的主线，不断加强"四个中心"功能建设，努力提高"四个服务"水平，城市治理能力和城市发展品质取得重要突破。街道作为基层治理的排头兵和主力军，发挥着不可替代的作用。西城区15个街道立足自身发展实际，统筹区域各类资源，构建区域化党建格局，加强城市精细化管理，提升公共服务水平，完善综合执法体系，精准指导社区建设，探索基层治理创新实践，积极为超大城市基层治理创新"过险滩""闯路子"，不断为基层治理增加新的内涵提供可复制、易操作的鲜活经验，对国内大城市基层治理创新具有极强的理念提升价值和路径借鉴意义。

　　《北京街道发展报告 No. 2 月坛篇》以落实新版总规与和谐宜居示范区建设为背景，重点对月坛街道在全市街道层面率先开展全方位的城市体检，并通过落实西城区街区整理部署解决"城市病"实践进行了分析和探讨。与此同时，结合月坛实际，在对地区公共服务情况分析之后，从政府购买社会服务、"1＋N"区域化党建、社区治理评价体系三个方面进行了理论研究，再从基层服务型党组织建设、社区协商民主、社会建设和社会动员组织体系建设、社区文化建设、公共服务六"J"模式、人大代表换届选举、党风廉政建设、特扶工作、信访工作等方面进行了综合分析和经验介绍。

　　本书认为，月坛街道"城市体检＋街区整理"的实践探索，是落实新版总规和首都核心区功能定位的重大创新，建议以解决"城市病"问

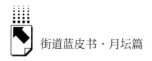

题为导向，建立和完善城市重点领域治理的区块处理机制和整体推进机制，切实增强城市治理的系统性、整体性、协同性，以利于形成符合核心区治理要求的城市体检制度和街区整理模式，为街区治理创造"月坛经验"。

目　录

Ⅳ　调研报告

Ⅴ　案例报告

皮书数据库阅读 使用指南

代前言
公共利益是社会治理的逻辑
起点和价值取向[*]

王乐斌^{**}

党的十九大报告指出，要"形成有效的社会治理、良好的社会秩序，使人民获得感、幸福感、安全感更加充实、更有保障、更可持续"。"使人民获得感、幸福感、安全感更加充实、更有保障、更可持续"，为我国社会治理的发展指明了方向，充分反映了社会治理的本质与规律。

一　"以人民为中心"就是要把公共利益作为
政府行政重要价值导向

就政府而言，行政模式在不同历史语境下，伴随社会治理模式的变革，其实质都是对公共行政的一次改革。以前政府的行政模式是权利本位管理行政模式，以官僚制为组织基础，政府定位为效率至上和"非人格化"般的工具，每一个构成岗位和参与的公务员都为高效运转、追求机器效率的政府而存在，这种模式在一定程度上忽视了对社会根本价值取向的关注。而随着政府行政向服务型政府转变，在政府模式和制度安排上树立了全新的行政理念，服务行政最核心内容便是服务价值与精神的回归与彰显，服务行政追求的目标是构建以公共利益为核心的行政价

---

　*　根据月坛街道提供有关资料整理。

　**　王乐斌，中共北京市西城区委月坛街道工作委员会书记（2017 年 5 月至今）。

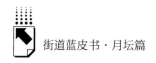

值体系，具体表现为"以人民为中心"。以人民的利益为根本出发点，这是我党执政的基础，是政府对自身价值和合法性的求证，更加突出政府行政的公共性和伦理性。

我国在向服务型政府转型的过程中，随着社会治理理念日益的深入及被人们所关注，政府面对行政模式转变和社会公众的需求，价值取向决定着政府行政行为。公共利益受益者是人民群众，因而谋求公共利益最大化就是谋求人民群众利益最大化，在社会治理背景下，必然要把维护和增进人民利益视为最高追求。月坛街道作为基层政府，在社会阶层逐渐分化、利益主体日益多元化的当下，直面人民群众最现实的需求，既要服务好辖区的中央单位，又要服务好辖区的普通老百姓，统筹区域发展，防止利益冲突，化解社会矛盾，这就必须确保公共利益最大化，确保我们的公共政策和行政行为达到利益平衡。

维护和实现公共利益是国家和公共权力产生的主要原因，公共权力产生于社会，因此不能背离公共利益。基层政府作为党和政府密切联系群众的纽带，代表和体现国家的政策和行为导向，受托于民，被赋予维护和保障公共利益的职责，必须体现社会公平、正义，这是构建和谐社会的基本条件。对于基层政府而言，守住民生这条底线，让每一个在月坛地区工作和生活的人都有获得感、幸福感和安全感，就是实现好、维护好、发展好最广大人民群众的利益。

二 保障公共利益就要发挥人民群众在多元治理中的主体作用

社会治理是以确保实现公共利益为目标，政府相关部门整合社会力量共同参与公共事务管理，解决公共问题，提供公共服务的互动过程。治理结构呈现开放性、治理主体呈现多元化、治理过程呈现合作互动等特点，在社会治理理论下，人民群众不仅是治理的客体，更是社会治理的主体，居民参与是社会治理的重要组成部分。社会成员来自不同社会阶层和社会群体，由于每个阶层和群体的利益和诉求不同，因此，政府的行为必须建立在民意基础之上，要将不论是多数还是少数、强势还是弱势的群体，都引导参与社会治理中，达成利益共识，共同分享社会发展成果。"党委领导、政府负责、社会协同、公众参与、法治保障"作为我国社会治理体制，党委和政府代表人民群众发挥核心作用，起到引导、监督和服务的作用，以公共利益为出发点，协调不同阶层和群体的利益关系，满足公民的社会诉求，化解各类社会矛盾，维护公平正义和社会稳定有序，维护和健全社会内部与外部环境，促进政治、经济、社会、文化和自然协调发展。尤其是在社会主义民主制度下，依法让人民参与管理更是社会主义的本质要求。但在政府与社会、居民之间建立新型的互动关系，是创新社会治理方式，提高社会治理能力亟待解决的问题。

在社会治理中，政府不仅要发挥管理职能，还要引导或调动公众、社会组织、企业等社会力量参与到社会治理当中，形成有效合力。这就需要政府在一系列社会治理活动中，坚持社会治理创新，不断提升社会治理能力，找到并抓紧政府职能转变的关键点，实现从"管理者"到"服务者"的转变。为此，在推进社会治理中，政府首先要明确公众拥有哪些权利与义务，这需要建立相关的制度加以确定。其次要建立和完善公众参与社会治理的体制机制，并加强相应的配套性政策体系建设，为公众参与社会治理提供先决条件。最后在发挥好政府治理作用的基础上，还要健全利益表达机制、利益协调机制和利益保护机制，让人们在行使权利、表达诉求、解决纠纷等过程中有法可依、有章可循，实现政府治理和社会调节、居民自治良性互动。一方面，应着力构建公众参与的平台和载体。适度的组织化有利于推动公众参与社会治理的有序性、有效性和规范性。为此，要切实加强居民自治建设，培育社区自治功能，改革创新社会组织管理制度，鼓励社会组织参与社会治理，扶持社会组织参与公共服务，使社区社会组织成为社会公众参与社会治理和社区建设的重要载体和平台。另一方面，在社区治理层面，推动"项目式"参与，进一步完善西城区提出的"民生工程民意立项"机制，在政府购买社会服务项目的过程中引入新流程，如"项目带动"和"体验激发"等，进而提高公众参与积极性，培育广大人民群众的公共责任意识。在项目初始阶段，建立公众需求与建议发现机制和合理化建议评估机制；在项目招标阶段，完善竞争机制，以公益创投的方式，选择"接地气"的项目；在项目落实阶段，应进一步创新公众参与的方式与渠道，如公众参与方案设计、评选和效果评估环节。获得感、幸福感、安全感全面概括了人民对美好生活的向往，是人民群众的诉求，居民生活的社区怎么建设、提供什么样的服务由公众充分表达自己的意愿，才能切实提高人民群众的认同度，更能够显著增强社区的服务功能，真正满足居民的诉求、遵循公众的意愿。

三 重塑社区自治权威需要公共利益的价值回归

当前，不论政府还是公民生活，普遍认同存在共同体需求。但是，在实际生活中，人们又会感到共同体在衰落，社区这一现象尤为明显，邻居们彼此间不认识，不愿意互相交流、互相帮助，虽然大家生活在共同的地理空间内，却彼此隔绝，居民不愿意参与公共活动，对社区公共事务的关注度低，普遍对社区缺乏认同感和归属感。这也是当前社区治理的困境。社区作为以地缘为基础的共同体，应该共同遵守规范和社区公约，发扬公共精神，形成价值共同体，共享公共利益。

社区治理过程中的困境就在于价值性的挑战。正如前面提到的，政府治理和社会治理现代化的进程，是由工具化向价值化的一种转变。我国以往的社区建设和发展，是一种行政化和自治化相结合的模式，可以说是以行政化为主导的，社区居委会虽然作为社区自治组织，却有强烈的行政色彩。这也使得长期在政府大包大揽的管理模式下，社区居民处于被管理状态，常常认为社区事务和自己没有关系，没有意识到社区自治的重要性。在社会治理理论下，必须转变政府对公民及社会的强制性管控。社区治理的关键是让社区回归自治，而社区自治的关键就是激发居民对公共利益的关注和表达，共同参与并监督社会事务和社区公共事务，确保公共利益最大化，从而体现社区自治的权威性。

在实际工作中发现，社区居民往往对于个人关联度高的事件和议题具有较高的参与热情，如广泛关注的居家养老、停车等问题。与之相反，如果参与的主题不涉及与多数居民相关的公共事务时，也就是公共利益时，就不会具备广泛的群众参与基础，社区居民的参与热情就会普遍比较低，久而久之就会挫伤社区居民参与社区自治的热情。因此，社区自治要唤醒社区居民对社区公共事务的关注。社区在社区建设、社会动员和提供社区服务的过程中，要加强对社区居民需求的了解和分析，如采取入户访问、问卷调查等方式，将需求进行分类，以此开发社区自治参与的主题和公共产品（服务）的类别，来激发社区居民的关注和参与。此外，政府要进一步弱化对社区居委会的行政力干预，减少社区居委会的行政性事务，还权于自治组织，焕发社区居委会自治的活力，使不论是社区居委会还是社区居民都能够在社区自治的过程中产生动力，回归价值体现。

四　切实维护公共利益要以依法治理为保障

维护人民权利，切实保障公共利益，政府不仅要以人为本，向服务型政府转型，在体制机制上进一步改革，进一步强化善法之治。政府代表人民利益，其权力来源由宪法、法律赋予。在全面深化改革和全面推进依法治国的大背景下，推进社会治理创新必须运用法治思维和法治方式，进一步强化社会治理责任，化解社会矛盾，促进维权稳定，增强公众法律信仰。

党的十九大报告指出，"中国特色社会主义进入新时代，我国社会主要矛盾已经转化为人民日益增长的美好生活需要和不平衡不充分的发展之间的矛盾"。月坛街道基层工作的实践和经验表明，作为首都的核心区域，在社会治理过程中，具有鲜明的社会治理主体多元化的特征，在月坛街道区域内，中央机关、地方单位、社会组织和广大老百姓等多重利益主体叠加，彼此影响。这些不同阶层和不同群体在经济利益、社会地位和政治诉求等方面都存在差异，街道作为基层政府要协调这种复杂的互动关系，兼顾不同阶层、群体和社会成员的利益诉求，平衡不同利益主体间的需求，切实维护公共利益，必须建立一套行之有效且规范的制度，那么法治就是最为权威和最为有效的手段。通过法治在各不同利益群体间划定责任、义务和权利的边界，化解不同利益主体间的矛盾冲突。

在运用法治落实社会治理责任的过程中，党和政府作为社会治理主导，必须进一步落实从严治党、依法行政。从严治党就是要求党依据党内法规管党治党，这就要求我们在社会治理创新的实践中，必须进一步强化党员干部依法办事的能力。党员干部必须善于运用法治思维和法治方式解决社会治理中的实际问题。依法行政就是要求政府必须在法治轨道上开展工作，进一步体现民主、以人为本、诚信、平等、高效、公开、公正、公平、责任的法治理念，来建设法治政府。政府机关和每一位工作人员都必须依法履行职责，依照法定权限和程序来管理社会事务。此外，维护社会稳定是社会治理的第一要务，也是基层工作的重中之重，这在首都治理中显得更为重要，在保障公民权利的同时必须也要维护好社会的稳定。维稳的实质就是维权，一方面，要进一步强化法律在化解矛盾中的权威地位；另一方面，要进一步完善对维护群众切身利益具有重大作用的公共决策制定的法制化，决策最能体现政府行政精神和价值取向，必须体现民主、法治、以人为本、灵活、适应等价值。因此，政府决策应该依法制定程序并制度化，包括听取意见、听证、群众参与、专家论证、决策责任承担等，保证政策符合国家法律法规，遵循社会公序良俗，符合社会和公众利益。社会治理在手段上逐渐从主要依靠单一行政手段转变为综合运用法治、经济、行政等手段，从主要依靠强制、处罚等惩罚性手段转变为更多采用协商、对话等方式。社会治理必须扭转政府行政化倾向严重的局面，切实维护司法的权威，树立政府的公信力，清除"信访不信法"的不良社会现象，培养公众法律意识，增强公众法律信仰。人民权益要靠法律保障，法律权威更加需要靠人民的维护，努力让人民群众切实感受到公平与正义。

总 报 告

General Report

B.1

月坛：探索"城市体检＋街区整理"
核心区治理模式

摘　要：　城市体检重在发现问题，街区整理重在解决问题。城市体检
　　　　　是北京市新总规重点强调的一项实施内容，不仅丰富了城市
　　　　　发展评价新方式，也是首都核心区破解"城市病"的新作
　　　　　为，更好践行"四个服务"的新实践。月坛街道率先在全市
　　　　　完成街道层面的城市体检，从人口、交通、公共设施、城市
　　　　　环境、城市安全、城市经济、城市热点等方面系统查出了
　　　　　"城市病症"。与此同时，街道积极推进西城区街区整理有关
　　　　　部署，以解决"城市病"问题为导向，探索落实新总规背景
　　　　　下"城市体检＋街区整理"核心区治理新路径。本报告全面
　　　　　分析月坛街道城市体检发现的"城市病症"，在此基础上介
　　　　　绍了月坛街道以街区整理为契机治理"城市病"的举措，并
　　　　　针对月坛提出实际完善"城市体检＋街区整理"模式的相应

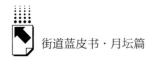

建议。

关键词： 月坛　城市病　城市体检　街区整理

　　月坛街道总面积4.13平方公里，辖27个社区，是北京市西城区15个行政区划之一，因辖区坐落于明清皇家祭祀夜明神（月亮）和天上诸星神的重要场所——月坛而得名。街道位于故宫博物院、中南海正西方，辖区有国家副部级以上单位22个、市级单位63个，有4处文物古迹，是北京城建城源地。月坛地区位于彰显大国首都国际交往和文化魅力的标志地段，地理位置和功能定位十分重要，这里是保障中央党政军领导机关高效开展工作、体现政治中心建设的核心承载区，也是展示首都核心区"四个服务"水平和能力的窗口地区，其与西长安街、金融街三个街道的连片地区被确定为西城区建设国际一流的和谐宜居之都的示范区域。同时，该区域长安街轴线与西二环路交叉及沿线地区是重塑首都独有壮美空间秩序的关键节点，也是二环路外疏解与整治、疏解与提升的重点地区。由此可见，月坛地区像一面镜子和一个缩影，其城市治理工作很大程度反映了首都核心区的治理能力和现代化水平。

　　特别是在《北京城市总体规划（2016年—2035年）》提出"建设政务环境优良、文化魅力彰显和人居环境一流的首都功能核心区"背景之下，月坛街道如何通过城市治理工作的开展实现建设国际一流和谐宜居之都所期待的"宜居水平"和保障安全、优良的政务环境所期待的"服务能力"，是当前和今后一段时间内街道提高城市治理能力、解决"城市病"需要研究和思考的重要问题。

　　为此，月坛街道聚焦"三金海"地区和谐宜居示范区建设，率先在全市街道层面开展并完成"城市体检"工作，基于翔实的社会属性、街景、三维等直观数据，深入分析资源、生态、环境、人口、经济、社会等要素在地理空间上相互作用、相互影响的内在关系，并以《北京城市总体规划

（2016年—2035年）》提出的"国际一流和谐宜居之都的评价体系"为标准，对比街道差距与不足，为街道更好地实现和谐宜居示范区建设的目标查明了"病症"。在"城市体检"的基础上，月坛街道落实西城区街区整理的要求，结合街道风貌特征及街道性质和管理要求进行统筹谋划街区生态重构，靶向整治"城市体检"查出来的"城市病症"，为和谐宜居示范区建设的实现提供可行的思路。如果说，"城市体检"是月坛街道诊断"城市病症"、寻找差距的重要手段，那么街区整理计划就是月坛街道通过对街区系统设计与整治修补，改善人居环境、提升城市品质的方法和路径。不仅可以为西城区城市治理能力提升提供可资参考的经验，也对首都核心区，乃至全国各地城市建成区实现有机更新具有重要的借鉴价值。

一　月坛街道开展"城市体检"意义

"城市体检"是城市地理国情普查的一种形式，是指针对城市发展过程中各个部件、各个要素的全方位检查、分析与评价，不仅关注城市的经济实力，而且关注各类"城市病"。城市体检制度是维护城市规划严肃性和权威性的重要举措，可以有效避免"一张规划图不及官员一句话"以及出现在城市规划和建设过程中的各种乱象。街道作为城市治理基础单元，向上联系市、区，向下联系社区、居民，在街道层面开展城市体检，对于探索城市评价新方式，破解"城市病"难题，更好地推进城市规划落地和更好地践行"四个服务"具有重要意义。

（一）城市体检是探索城市发展评价新方式

地理国情普查是重大的国力调查，能够全面反映北京资源、生态、环境、人口、经济、社会等要素在地理空间上相互作用、相互影响的内在关系，准确掌握、科学分析资源环境的承载能力和发展潜力。《北京城市总体规划（2016年—2035年）》提出，"建立城市体检评估机制，提高规划实施的科学性和有效性"。2018年北京市政府工作报告提出："以第三方评估方式实施年度城市体检，加强规划实施的监督考核问责。"根据已初步形成的《北京城市体检评估工作方案》，年度体检围绕城乡建设用地减量、人口规模和建筑规模双控、两线三区管控等重点实施任务进行评价，对重点指标的年度变化情况进行深入分析，结合第三方评估分析，总结发现实施中的突出问题，提出下一年度实施工作的对策建议。从北京市对城市体检的要求上看，"城市体检"正是通过定期的数据监测评估，采用为城市"诊断"的方式研究城市现状发展中存在的问题和不足。通过试点先行、以点带面、持续推进、保障发展的有序进行，最终将形成数据定期采集、更新和发布机制，形成相对合理的评估体系，为城市发展提供新的评价方式，从而加强对城市现状发展的把控。同时，为城市规划管理提供有效的专题数据和专题图，为政府部门有效管理、规划城市提供决策依据。

（二）城市体检是破解"城市病"难题新作为

作为特大城市，在北京迈向 2000 万人口国际大都市行列的同时，快速膨胀也加剧这座千年古都自身的"消化不良"和运行不畅。社会进步回避不了城镇化，中国的城市病是社会发展的必然产物。北京在交通拥堵、住房紧张、能源供给、环境污染、噪声、大气污染、蔬菜粮食供应、公共安全等不同方面都较为突出。2014 年 2 月，习近平总书记在北京考察工作时强调提出"努力把北京建设成为国际一流的和谐宜居之都"：一是要明确城市战略定位；二是要调整疏解非首都核心功能；三是要提升城市建设特别是基础设施建设质量；四是要健全城市管理体制，提高城市管理水平；五是要加大大气污染治理力度。针对一系列"城市病"，以"城市体检"的工作方法，对城市进行全方位的"体检"，找到"城市病"根源，进而有针对性地制定工作规划和改进措施，切实提高城市治理能力和水平，实现人口、资源、环境协调发展。

（三）城市体检是更好践行"四个服务"新实践

月坛街道一个最大的特点就是中央政务办公的集中区域，服务和保障好党政军领导机关高效开展工作是月坛街道一项重要的政治任务。与此同时，《北京城市总体规划（2016年—2035年）》将月坛街道所在的西城区以及东城区定为首都功能核心区，并明确"核心区是全国政治中心、文化中心和国际交往中心的核心承载区，是历史文化名城保护的重点地区，是展示国家首都形象重要窗口地区"。这又要求月坛街道为国事外交活动提供更多具有优美环境和文化品位的场所，改善人居环境，补充完善城市基本服务功能。建设国际一流和谐宜居之都是有标准的，"政务环境优良、文化魅力彰显和人居环境一流"工作做得怎么样也要有标准，月坛街道开展城市体检工作，是对标"政务环境优良、文化魅力彰显和人居环境一流"，找差距、寻短板、看不足，是做好"四个服务"的"寻医问诊"，在"寻医问诊"基础上，聚焦中心、聚焦重点，努力营造"政务环境优良、文化魅力彰显和人居环境一流"的良好生态，更好地践行"四个服务"。

二 从月坛街道"城市体检"看月坛"城市病"症状

月坛街道委托北京市测绘设计研究院开展城市体检工作，城市体检项目于2017年9月启动，从人口、交通、公共设施、城市环境、城市安全、城市经济、城市热点等方面进行综合性评估，同时对菜市场、商业设施配套、停车位、医疗卫生设施、养老设施等5项生活服务设施进行了专项评估，并形成了《月坛街道城市体检总体评估报告》《月坛街道生活服务设施专项评估报告》。总体来看，在新形势、新要求下，月坛街道城市治理工作还存在三方面问题：一是面对首都发展的新要求，对首都功能核心区发展规律的认识和把握还不够，城市管理还不够精细，城市环境品质与首都和西城区的要求还不相适应；二是面对群众多层次、多元化的需求，在解决群众关心的切身利益问题上还有很大的差距，一些群众还居住在设施落后、存在安全隐患的危旧楼房和老旧平房内，在集中人力、财力办大事上缺少规划，方法欠缺；三是面对当前群众工作主体多样性、内容广泛性、工作复杂性的特点，做群众工作有时缺少耐心，不够细心，方法仍然

不起作用。

结合北京市和西城区相应指标状况及相应指标要求，本研究从月坛街道城市体检评估结构中选取24项可量化、易对比指标（见表1），对月坛街道存在的"城市病"进行分析。研究发现，月坛街道的"城市病"病症主要体现在以下几个方面。

表1　月坛街道城市体检指标

序号	指标	指标参考值	北京市数据	西城区数据	月坛数据
1	常住人口（万人）	2300	2170.7	129.8	12.48
2	常住人口密度（万人/平方公里）	1.2①	1.4②	2.41③	3.02
3	户籍人口（万人）	—	1359.2④	114.69⑤	15.57
4	流动人口（万人）	—	794.3⑥	27.9⑦	1.27
5	人口负担系数（%）⑧	—	29.25	37.54	47
6	老龄人口占比（%）	—	16.5	—	22.63
7	建筑密度（%）	—	—	29.75	27.54
8	人均住房面积（m²）	36.6⑨	31.69	—	29.38
9	轨道交通站点千米服务半径覆盖度（%）	—	—	—	85.33
10	公交站点300米服务半径覆盖度（%）	50	—	—	91
11	公交站点500米服务半径覆盖度（%）	90	—	—	100
12	千人幼儿园用地面积（m²）	350~375	259.13	—	195.27
13	千人幼儿园建筑面积（m²）	235~258	162.62	—	101.12
14	千人小学用地面积（m²）	536~596	879	—	943
15	千人小学建筑面积（m²）	423~463	433.75	—	970
16	千人中学用地面积（m²）	685~784	1087.6	—	970
17	千人中学建筑面积（m²）	495~535	597.7	—	1262.2
18	千人养老设施建筑面积（m²）	90	—	—	37.54
19	千人养老机构床位数量（床）	7	5.7	—	1.31
20	千人卫生服务站建筑面积（m²）	24	—	—	12.66
21	千人卫生服务中心建筑面积（m²）	60	—	—	4.03

序号	指标	指标参考值	北京市数据	西城区数据	月坛数据
22	文化设置 500 米服务半径覆盖率(%)	—	—	—	99.84
23	停车位满足度(%)	—	—	—	35.64
24	千人菜市场配置(m²)	50	—	—	47.86

注：①2020 年中心城区集中建设区人口密度，《北京城市总体规划（2016 年—2035 年）》。

②2016 年中心城区集中建设区人口密度，《北京城市总体规划（2016 年—2035 年）》。

③2017 年西城区常住人口密度，《北京市西城区 2017 年国民经济和社会发展统计公报》。

④2017 年北京市户籍人口，《北京市 2017 年国民经济和社会发展统计公报》。

⑤数据来源：西城区统计年鉴。

⑥2017 年北京市常住外来人口，《北京市 2017 年国民经济和社会发展统计公报》。

⑦2017 年西城区常住外来人口，《北京市西城区 2017 年国民经济和社会发展统计公报》。

⑧人口负担系数＝（0～14 岁人口数＋65 岁及以上人口数）/（15～64 岁人口数）。

⑨北京市统计局统计数据 2016 年全国居民人均住房建筑面积为 40.8 平方米，城镇居民人均住房建筑面积为 36.6 平方米。

资料来源：《月坛街道城市体检总体评估报告》《月坛街道生活服务设施专项评估报告》，或根据相关数据计算得出。

（一）人口数量大，社会负担重

1. 减人口压力大

《北京城市总体规划（2016 年—2035 年）》从常住人口总量和常住人口密度两方面对人口上限进行约束和控制。确定到 2020 年，北京市常住人口控制在 2300 万以内，并长期稳定在这一水平，中心城区常住人口规模控制在 1085 万人左右，中心城区集中建设区常住人口密度由 1.4 万人/平方公里下降到 1.2 万人/平方公里左右，到 2035 年中心城区集中建设区常住人口密度在 1.2 万人/平方公里以内。截至 2016 年底，月坛街道常住人口达到 12.48 万人，占西城区人口比重的 9.6%，人口密度达到 3.02 万人/平方公里，在西城区排名第三。如果以《北京城市总体规划（2016 年—2035 年）》对中心城区建成区人口密度的要求作为衡量指标，到 2020 年，月坛街道每平方公里需要减少 1.8 万人，除非部委进行大规模搬迁，否则月坛降低人口数量将面临非常大的压力。

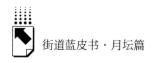

2. 人户分离严重

2017 年，月坛街道实有人口 9.01 万人，人户同在本街道的人口占比为 75.32%，[①] 人户同在本街道的人口为 6.79 万人。按照 2016 年底月坛街道户籍人口 15.57 万人计算，月坛街道人户分离的人口达到 8.67 万人，人户分离占比达 55.68%，而这一数据在全国是 20.93%。人离户不离增加了月坛街道教育、医疗等公共资源的压力。此外，人户分离严重影响社区公共建设，增加社区公共建设的协调成本。

3. 社会负担重

根据 2017 年西城区实有人口普查数据，月坛街道 65 岁以上老年人口为 1.9 万人，占全街道人口的 22.63%。而这一数据在北京市为 16.5%，月坛街道老年人口比重比北京市高 6.13%。由此可以看出，月坛街道的人口年龄结构正处于成年型向老年型的过渡时期，而且这种过渡的速度快于北京市，将先于北京市进入老龄社会，对经济增长的压力较大。同时，月坛街道的人口负担系数较高，达到 47%。国际上一般把人口负担系数≤50%称为"人口机会窗口"期，而月坛街道 12 个社区的人口负担系数已经超过 50%。高人口负担系数导致月坛街道面临三大挑战：一是劳动力人口供给不足，劳动力人口年龄结构较高，劳动力价格高，社会财富增长变慢；二是劳动力人口年龄结构较高，导致储蓄率降低，不利于经济快速增长；三是老龄化高峰即将到来，社会保障支出负担重，财富积累速度减弱。

月坛街道人口所涉及指标及说明见表 2。

表 2 月坛街道人口所涉及指标及说明

序号	涉及指标	指标说明
1	常住人口	常住人口是指实际居住在某地区满足特定时间的人口总数，与户籍人口的区别在于计算常住人口时，要在户籍人口中扣除流出该地区达特定时间以上的流动人口，再加上流入当地已经达到特定时间的流动人口

---

① 资料来源：《月坛街道城市体检总体评估报告》。

序号	涉及指标	指标说明
2	人口密度	人口密度是表示世界各地人口的密集程度的指标,计算方法一般为常住人口除以区域面积
3	户籍人口	户籍人口是指公民依《中华人民共和国户口登记条例》已在其经常居住地的公安户籍管理机关登记了常住户口的人。这类人口不管其是否外出,也不管外出时间长短,只要在某地注册常住户口,则为该地区的户籍人口。户籍人口数一般是通过公安部门的经常性统计月报或年报取得的
4	流动人口	是指离开户籍所在地的县、市或市辖区,以工作、生活为目的异地居住的成年育龄人员
5	实有人口	"实有人口"是一个新概念,包括常住人口、流动人口、户籍人口、外籍人口。当前的"实有人口"管理机制:人一到辖区住下,一定要纳入"实有人口管理",进行严密登记,并纳入信息查询系统
6	人口负担系数	人口负担系数也称抚养系数、抚养比,是指人口总体中非劳动年龄人口数与劳动年龄人口数之比,用百分比表示
7	老年人口占比	是指总人口中因年轻人口数量减少、年长人口数量增加而导致的老年人口比例相应增长的动态

（二）建筑密度大、违法建设多、人均住宅面积小

1. 建筑密度大

《月坛街道城市体检总体评估报告》显示,月坛街道建筑基底面积为1127648平方米,平均建筑密度为27.54%,土地利用率高,相较于西城区平均建筑密度29.75%,月坛街道平均建筑密度略低。但按照《城市规划定额指标暂行规定》中对居住建筑密度的指标要求（四层一般可按26%左右,五层一般可按23%左右,六层不低于20%）,月坛街道建筑密度较大。

2. 违法建设多

据统计,2017年月坛街道共有上账违法建设370多处,总建筑规模1.4万平方米,总基底面积1.3万平方米,占月坛街道总建筑基底面积的1.16%。这些违法建设造成的绿地破坏、侵占人行步道、污染环境、违法停车、扰民等一系列问题,不仅侵犯了相邻权人合法权益,带来安全隐患,还像一块块"城市伤疤",破坏城市整体形象,增加城市治理成本。

3. 人均住房面积小

国家统计局2017年7月公布数据显示，2016年全国居民人均住房建筑面积为40.8平方米，城镇居民人均住房建筑面积为36.6平方米，农村居民人均住房建筑面积为45.8平方米。《北京市2015年暨"十二五"时期国民经济和社会发展统计公报》显示，到2015年底，北京城镇居民人均住房建筑面积31.69平方米。月坛街道居民人均住房建筑面积低于北京市平均水平超过2%，部分居民居住条件差，甚至存在一家三代人居住在40多平方米房屋里的情况。造成部分居民居住条件差的原因还有，月坛街道单位直管房数量最多、建筑规模最大，超过200处，总面积120多万平方米。多年来由于单位的合并、取消，部分单位直管房出现无人管理的现象，房屋、院落各项设施维护缺少资金，街道不得不拿出相应资金对"单位失管""物业失管"的房屋、院落进行维护，增加了区级财政的负担。

月坛街道房屋所涉及指标及说明见表3。

表3 月坛街道房屋所涉及指标及说明

序号	涉及指标	指标说明
1	建筑基底面积	建筑基底面积指建筑物接触地面的自然层建筑外墙或结构外围水平投影面积。建筑基底面积既不等同于底层建筑面积,也不是基础外轮廓范围内的面积
2	建筑密度	指在一定范围内,建筑物的基底面积总和与占用地面积的比例(%)。是指建筑物的覆盖率,具体指项目用地范围内所有建筑的基底总面积与规划建设用地面积之比(%),它可以反映出一定用地范围内的空地率和建筑密集程度
3	人均住房面积	包括人均住房居住面积和人均住房建筑面积,居住面积指的是房子的实际使用面积,指的是住房套内面积,而建筑面积指的是房产证上的标注面积(内含公摊等)

（三）学前教育资源紧张，存在入园难问题

为进一步做好北京市城镇地区（历史文化街区除外）各类居住项目公共服务设施的配置、补充和完善工作，进一步提高居住公共服务设施规划建

设和管理水平，为广大群众提供更加适宜的居住环境，2015年发布的《北京市居住公共服务设施配置指标》对北京市的幼儿园、小学和中学的用地指标和建筑指标做出了规定（见表4）。

表4 月坛街道教育所涉及指标及说明

序号	涉及指标	指标说明
1	千人幼儿园用地面积	幼儿园总占地面积/常住人口×1000
2	千人幼儿园建筑面积	幼儿园总建筑面积/常住人口×1000
3	千人小学用地面积	小学总占地面积/常住人口×1000
4	千人小学建筑面积	小学总建筑面积/常住人口×1000
5	千人中学用地面积	中学总占地面积/常住人口×1000
6	千人中学建筑面积	中学总建筑面积/常住人口×1000

从月坛街道的小学和中学的用地指标和建筑指标看，千人小学用地面积、千人小学建筑面积、千人中学用地面积、千人中学建筑面积皆高于指标规定范围。同时，除千人中学用地面积指标外，月坛街道的千人小学用地面积、千人小学建筑面积、千人中学建筑面积皆高于北京市平均水平，表明月坛街道的中小学符合标准。但随着经济社会调整和人口结构的变化，区域内入学压力不断增大，人民群众对优质教育资源的需求与供给之间的矛盾仍旧突出，成为当前乃至一段时期内月坛街道中小学教育面临的主要问题。

幼儿"入园难"成为当前全国范围内的普遍性问题。月坛街道情况更甚，从幼儿园的千人用地面积和建筑面积看，北京市的平均水平低于标准值，月坛街道的千人用地面积和建筑面积皆低于北京市平均值。其中，千人幼儿园用地面积低于标准值150多平方米、低于北京市平均水平60多平方米，千人幼儿园建筑面积低于标准值130多平方米、低于北京市平均水平60多平方米，随着"全面二孩"政策落地，月坛街道"入园难"问题将更为严峻。

（四）基层医疗卫生服务机构不足、机构养老难

1. 基层医疗服务机构不足

月坛街道辖区内共有包括复兴医院在内的大型医院9家、门诊7家，加

上 15 家卫生服务站和 1 家卫生服务中心，月坛街道的医疗卫生服务机构可以满足区域内 12.4 万居民的就医需求。但从基层医疗卫生服务机构看，月坛街道的千人卫生服务站建筑面积、千人卫生服务中心建筑面积都低于 2015 年发布的《北京市居住公共服务设施配置指标》，而且差距还比较大。月坛街道千人卫生服务站建筑面积相当于标准的一半，千人卫生服务中心建筑面积仅相当于标准的 1/15，基层医疗卫生服务机构不足，导致部分居民小病也要跑到大医院就医，不仅给大医院带来了压力，挤占了资源，也延长了居民的就医时间。

2. 机构养老难

月坛街道有月坛街道敬老院、融泽养老照料中心、月坛街道无围墙养老院等 10 所养老设施，总面积接近 5000 平方米，养老床位 164 张，平均每千人养老设施建筑面积 37.54 平方米，每千人养老设施床位 1.31 张。根据《北京市居民公共服务设施配套指标》中对每千人养老机构设施面积 90 平方米的要求，以及《北京城市总体规划（2016 年—2035 年）》"到 2020 年千人养老机构床位数由现状 5.7 张提高到 7 张，到 2035 年提高到 9.5 张"的规划要求，以当前区域 12.4 万常住人口的需求计算，月坛街道养老设施建筑规模需要达到 11000 平方米以上，2020 年养老机构床位要达到 868 张，2035 年养老机构床位要达到 1178 张，月坛街道养老设施建筑面积严重不足，缺口高达 6000 多平方米。到 2020 年、2035 年养老机构床位分别需要增加 704 张、1014 张才能满足《北京城市总体规划（2016 年—2035 年）》中对养老机构床位的要求。

月坛街道医疗、养老所涉及指标及说明见表 5。

表5　月坛街道医疗、养老所涉及指标及说明

序号	涉及指标	指标说明
1	千人卫生服务站建筑面积	卫生服务站建筑面积/常住人口×1000
2	千人卫生服务中心建筑面积	卫生服务中心建筑面积/常住人口×1000
3	千人养老设施建筑面积	养老设施建筑面积/常住人口×1000
4	千人养老设施床位数	养老设施床位数/常住人口×1000

（五）文化设施数量多，服务类型单一

居民对文化设施的需求是其生活中的一个重要部分。随着社会的快速发展，居民闲暇时间和用于文化消费的资金增加，休闲娱乐的需求也相应增加，如何更好地度过闲暇时间直接影响居民的生活质量。月坛街道共有各类文化设施 70 多处，在西城区处于中间位置，500 米服务范围内可以覆盖全街道的居住社区，文化设施分布较为均匀。但月坛街道文化设施类型较为单一，大部分文化设施是活动中心，面向的群体是老年人，缺少大型图书馆、剧院和艺术馆，很多文化方面的需求要到街道辖区之外才能得以实现。

（六）停车位供需缺口大，停车难

"停车难"是我国当前各个城市普遍存在的问题，特别是随着汽车保有量的剧增，停车位供需矛盾越发突出。据统计，月坛街道各社区住宅套数总和为 4 万多套，居民停车位共 1.5 万个。按照《北京市居民公共服务设施配套指标要求》对居民汽车场库的指标要求，月坛地区属于一类地区（见表 6），一类地区下限指标为 1.1 车位/户（含 0.1 车位/户的访客车位），按照 4 万套住宅计算，月坛街道需要居民停车位 4.4 万个，缺口高达 2.9 万个。停车位供需缺口大，停车位满足度为 34%，停车难问题较为严重（见表 7）。

表 6 北京市建筑物配建停车位指标差别化分区范围

指标级别	范围
旧城地区	二环路以内
一类地区	二环路至三环路
二类地区	三环路至五环路，五环路以外边缘集团，海淀山后、丰台河西集中建设区及新城建设区
三类地区	五环路以外除二类地区以外的其他地区

表7　北京市新建改建居住项目配建机动车停车泊位设置标准

单位：车位/户

类别		旧城地区		一类地区	一类地区	一类地区
		下限	上限	下限	下限	下限
商品房		0.8	1.1	1.1	1.2	1.3
保障性住房	销售类	0.5	0.8	0.8	1.0	1.1
	租赁类	0.3	0.5	0.5	0.6	0.9

（七）拆补不平衡、需求不平衡导致部分居民买菜难

1. 拆得快补得慢，附近买菜的地方少了

2017年，月坛街道全年拆除违法建设369处，完成任务量的230.8%，完成33条街巷、459处"开墙打洞"，整治"七小"483处。月坛街道疏解工作成效显著，但部分违建、"开墙打洞"、"七小"是附近居民日常生活的"补给线"。这些"补给线"迅速被拆除，替代建设却没有跟上，导致部分区域附近买菜的地方减少，需要更长的距离才能实现日常生活的供给。

2. 规范品牌连锁，距离远了，价格高了

在"规范化、品牌化、连锁化"的生活性服务业建设要求下，随着"一拆一补"，月坛街道正规的蔬菜零售区域不断变大。截至2017年底，以12.4万人的规模计算，月坛街道千人指标菜市场需求仅缺口200多平方米（见表8）。以500米覆盖范围计算，月坛街道大型超市基本覆盖所有社区，以300米覆盖范围计算，月坛街道蔬菜零售店基本满足社区居民需求，大多数居住区都可以得到蔬菜供给。"规范化、品牌化、连锁化"为食品安全加上一道"阀门"的同时也带来了蔬菜售卖价格的提升。因贫富差距大，居民需求不平衡，出现部分居民因感觉周边蔬菜价格高，需坐几站公交车买菜的现象。

表8　北京市居民公共服务设施菜市场配套标准

类别	千人指标	建筑面积规模	服务规模
菜市场	建筑面积为每千人50平方米	中小型:1000～1500平方米 大型:2000～2500平方米	每处2万～5万人

三 月坛街道以街区整理治理城市体检"病症"

街区整理是西城区落实北京市新总规的重要抓手，月坛街道将"城市体检"查出来的"城市病"作为街区整理问题诊断的重要方式和街区划分的重要依据，在城市体检的基础上，精细谋划街区整理。

（一）全方位问题诊断

月坛街道坚持一张蓝图绘到底，一以贯之抓落实，委托北京市建筑设计院进行街区整理设计。目前街区划分工作已经完成，以社区为主体，以文化为依据，以功能为主导，深入开展街区诊断人口问题、房屋建筑问题、违法建设问题、公共交通问题、停车位问题、公共服务（菜市场）问题、公共服务（养老设施）问题、公共服务（垃圾站）问题、园林绿化问题、市容环境问题、特色文化问题，结合月坛街道城市体检总体评估，了解区域发展存在的各种问题和不足。

（二）整体考虑街区生态重构

在全方位诊断的基础上，对区域现状做出科学评价与比较，按照城市环境精细化管理思路，通过城市体检智能评估系统，运用三维场景动态展现城市发展数据，结合街道风貌特征及街道性质和管理要求进行统筹规划，通过优化功能配置、调整提升业态、优化整理空间、修复生态环境、塑造特色风貌、培养街区文化等举措，整体考虑街区生态重构，明确街区整理的目标定位是"引领城市低碳出行新方向 树立老城区宜居环境改造新标杆"，确定街区规划概念是"几步之遥 行走在月坛 生活在月坛"。2018～2020年（实现50%）：永寿寺街区、月坛街区、地藏庵街区。2020～2025年（实现100%）：三里河街区、木樨地街区、白云观街区、真武庙街区。2025～2035年：城市品质综合整治提升阶段。

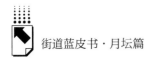

（三）重视民情民意的结合

2018 年 3 月底前，月坛街道完成了街区划分项目库的初步建立，结合社区楼宇党建、精神文明建设、志愿者服务、生活性服务业、城市环境、背街小巷整治提升等具体工作，逐步打牢街区整理常态化、精细化和长效化基础。设立"月坛街道街区整理展示中心"，将街道街区整理相关要点向社区居民开放，征求社区居民、街道规划顾问的意见和建议，不断完善街区整理设计方案，扩充街区整理项目库。在 2018 年 12 月底前，至少实现 1 个街区的精彩亮相，展示月坛街道的历史文化内涵，逐步提升城市品质。在收集民情民意的基础上，以文化为划分主导核心，以社区为基本单元进行组合（两个以上的社区相互组合），以主要功能相近的社区进行街合并，基于道路边界等明显界限划分、每个街区面积控制在 0.4~0.6 平方公里的原则，将月坛街道划分为永寿寺宜居生活区、三里河政务活动区、地藏庵教育生活区、月坛康体休闲区、木樨地滨水生活区、真武庙文化生活区、白云观文旅生活街区 7 个街区（见图 1、表 9）街道风貌在分级分类管理办法中主要为生活居住区、政务活动区及部分公共休闲区。

（四）靶向整治实现精彩亮相

2018 年精彩亮相的街区为永寿寺宜居生活区。亮相的建设思路是以点带线，以线织网，以网筑面。主要包括四个社区，居民以中央部委家属为主，居民素质比较高、老龄化程度比较高。以老龄化问题、人车混行的问题、城市环境问题和公共基础设施为核心解决问题，实施靶向性整治策略：针对老龄化问题，推进社区适老化建设、老年服务体系建设，完善城市功能；针对人车混行的问题，建立慢行步道，完善步行系统；针对城市环境问题，公共基础设施建设也根据核心问题采取了相应措施。

图1　月坛街道街区整理划分情况

表9　月坛街道街区名称

序号	街区名称	序号	街区名称	序号	街区名称
M1	永寿寺街区	M2	三里河街区	M3	地藏庵街区
M4	月坛街区	M5	木樨地街区	M6	真武庙街区
M7	白云观街区				

四　月坛街道探讨"城市体检＋街区整理"模式的建议

月坛街道"城市体检"查出来的问题很多，不仅在月坛街道存在，而且在西城区、首都核心区，乃至北京市都是普遍存在的共性问题。很多问题并非一个街道、一个部门"努努力"就能圆满解决，而是涉及方方面面的利益调整和统筹协调，需要在更高层面上对月坛街道城市体检的问题进行统一安排、统一部署，以"点"上的问题带动"面"上问题的解决，以"面"上的统一行动解决"点"上的"无力"。

（一）要扩大城市体检、街区问题诊断的范围，建好城市部件台账，为建设街道城市全感应系统打好基础

从目前的城市体检和各个街道的街区整理问题诊断的范围上看，体检和诊断的基本都是地上的东西，体检和诊断的范围不够广、不够全面。城市治理是一套复杂的系统性工程，既包括地上的（如公共设施、树木、草地等），也包括天上的（如架空线、广告牌等）和地下的（如水、电、煤气、热等管线等）。开展城市体检和街区整理问题诊断要全面系统地考虑天上、地上和地下所有的城市部件，系统摸清各个城市部件的管辖权、使用权，建好各个城市部件的台账，为建设街道城市全感应和全响应系统打好基础，建设智慧城市。

（二）街区整理要与践行"四个服务"充分结合，"建设政务环境优良、文化魅力彰显和人居环境一流的首都功能核心区"

要树立主动服务的意识，加强与中央机关各有关部门的联系和工作协调，积极推进中央有关部门各项工作落地的服务工作。要聚焦发展中不平衡的问题，坚持从街头巷尾看民生、解困难。创新社会治理模式，健全民生工程民意立项机制、清单式管理模式，加强信息发布与政策解读，切实在具体工作、具体服务、具体项目中精准把握群众需求，使各项政策措施更好地深入人心、赢得认同。结合"疏解提升"专项治理，依据辖区百姓所需，从解决老百姓吃早点、修车、补鞋、买菜等贴近生活所需入手，从关系百姓贴身利益和细微处入手，全面梳理地区服务资源，本着缺什么补什么的原则，对各类服务业进行科学合理配置，进一步提高群众衣食住行的便利性。

（三）建立健全城市重点领域治理的区块处理、区域性整体推进机制，切实增强城市治理的系统性、整体性、协同性

街区整理是落实《北京城市总体规划（2016～2035 年）》和区委主要领导要求的重要举措，要以"国际一流和谐宜居之都"为标准，深入研究街区的功能、人口、生态、交通，在街区整理的资金可持续投入和产出上加强研究，一定要留有余地。建立健全街区整理的区块处理和区域性整体推进机制，避免反复"挖坑"、重复工作，切实增强改革的系统性、整体性、协同性，整理一块像样一块，统筹推进，做成标杆，真正实现"精彩亮相"，在原有功能的基础上更高端、更有活力。

（四）街区整理是街区生态革新的重大变革，要以"功成不必在我"的心态统筹推进

街区整理涉及街区生产生活的方方面面，既有街面环境的整洁，又有人文精神的培育，是一项长期性、系统性工程。在推进街区整理工作过程中，要有打长期性"硬仗"的准备，将街区整理系统中需要推进的工作分门别类划分好，以"功成不必在我"的精神，将各个子系统需要解决的问题分层分段，制定"三年行动"或"五年计划"，协调各部门一步步将问题解决，最终实现整个区域街面环境和人文精神的整体提升。

参考文献

王乐斌：《2017 年党员述职述廉会议上的讲话》，2017。

月坛街道办事处：《月坛街道城市体检总体评估报告》，2017。

月坛街道办事处：《月坛街道生活服务设施专项评估报告》，2017。

北京市规划和国土资源委：《北京城市总体规划（2016 年—2035 年）》，2017。

北京市人民政府：《北京市居住公共服务设施配置指标》，2015。

北京市西城区统计局：《北京市西城区 2017 年国民经济和社会发展统计公报》。

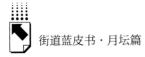
北京市西城区统计局：《西城区统计年鉴》。

西城区街区整理统筹协调办公室：《西城区街区整理城市设计导则（街区划分篇）》，2018。

北京市统计局：《北京市2017年国民经济和社会发展统计公报》，2017。

陈吉宁：《北京市政府工作报告》，2018。

王乐斌：《在年度工作部署会上的讲话》，2018。

北京市西城区人民政府：《西城区街区整理实施方案》，2017。

北京市西城区人民政府：《西城区街区整理城市设计导则》，2017。

北京市西城区人民政府：《西城区街区公共空间管理办法》，2017。

数据报告

Data Reports

B . 2

月坛街道基于常住人口的
地区公共服务调查报告

摘　要：　享有公共服务是公民生存发展的需要，也是生活品质的基础保
障。从居民对地区公共服务的获得感和满意度来评价生活质量状
况具有重要意义。本报告通过问卷调查的方式，对西城区月坛街
道27个社区的常住人口开展社区公共服务与居民生活质量问卷
调查，从中了解街道组织开展公共服务的情况和居民满意度评
价，得出总体结论并针对存在的问题提出具体建议。

关键词：　月坛街道　常住人口　公共服务　生活质量

　　为了解目前月坛街道居民对地区公共服务的获得感和满意度，我们在
2015年1月针对街道开展的基本公共服务需求的问卷调查基础上，结合居

民的满意度调查，进行了此次问卷调查。本报告所涉及的调查对象是月坛街道 27 个社区的常住人口。调查时间为 2017 年 5 月。共有 540 人参与此次调查，其中有效问卷 207 份，有效回收率为 38.3%。

一　调查样本情况

（一）调查样本基本情况

调查对象中，男女比例约为 0.4∶1。年龄在 35 岁以下的 42 人，36～55 岁的 121 人，55 岁以上 44 人，其中 65 岁以上老年人为 26 人。从婚姻状况看以已婚为主，占 87.4%。从政治面貌看，党员、群众分别为 62 人和 140 人，群众占 67.6%。常住人口中，有 85.0% 是西城区户籍，非京籍占 0.5%。在本市自有住房者 179 人，占 86.5%。从受教育程度看，本科或大专的人群占比最高，为 81.2%。家庭组成结构方面，57.5% 的家庭是三口之家，所占比例最高（见表 1）。

表 1　调查样本基本情况统计

单位：人

性别	男		61		女		146	
婚姻状况	已婚		181		未婚		26	
年龄	25 岁及以下	26～35 岁	36～45 岁		46～55 岁		56～65 岁	65 岁以上
	5	37	69		52		18	26
政治面貌	党员		民主党派		团员		群众	
	62		0		5		140	
户籍	本区户籍		本市其他区户籍				非本市户籍	
	176		30				1	
住所	本区自有住房		本市其他区自有住房		本区非自有住房		本市其他区非自有住房	
	143		36		19		9	

学历	博士研究生	硕士研究生	本科或大专	高中或中专以下
	2	5	168	32

家庭人数	四口以上	四口	三口	二口	一口
	37	25	119	24	2

（二）样本家庭收入情况

从家庭收入情况看，受调查人员的人均月收入低于3400元数量最多，比例为41.5%，其次是1891元~3400元的居民，占比为40.1%。而人均月收入水平超过15000元的有6人。取人均月收入的区间平均值，可以得出月坛街道居民年均收入的估算值（见表2）。如果比照西城区15个街道的平均值64855.2元的标准，可以发现，月坛街道的平均值为68303.1元，处于较高水平。参与调查的人员中，人均月收入低于3400元的人群值得关注，占到总数的41.5%。这207人中，人均月收入在最低工资标准线1890元以下的有15人，其中符合低保家庭收入标准（家庭人均月收入低于800元）的有2人。

表2 月坛街道样本收入情况

单位：元，人

人均月收入	800	801~1890	1891~3400	3401~8700	8701~15000	15000以上
居民年均收入	9600	16140	31740	72600	142200	180000
人数	2	13	71	83	32	6

注：居民年均收入由人均月收入的区间平均值乘以12个月估算得出，其中"15000以上"的区间平均值按照15000计算。

二 公共服务供给及居民满意度状况

（一）公共教育资源评价：超九成受访者认为幼儿园便利度低

在月坛街道教育资源配置方面，有34.3%的受访者认为教育资源配置

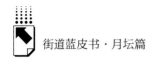

"总体均衡",认为"局部均衡"的占44.4%,还有13.5%的受访者表示"基本失衡",表示"说不清楚"的占7.7%(见图1)。由此可见,被访者总体对月坛地区的教育资源状况反映较好。

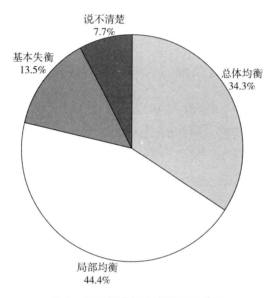

图1　月坛街道教育资源配置情况

此次问卷特别就学前教育资源进行调查,在问及"您及周边的孩子上幼儿园方便不方便"这个问题时,有9.7%的受访者的回答是肯定的,有26.6%的受访者表示"很难",表示"不方便"的受访者占23.7%,认为"不是很方便"的达到40.0%(见图2)。由此可见,超过90%的受访者对辖区幼儿园的布局和供给表示不满意。可见,学前教育问题不容忽视。

(二)公共文化服务评价:对公共文化设施和场馆的服务满意度为53.2%

调查问卷以"您知道您家附近的图书馆、文化馆、博物馆、美术馆等公共文化服务设施分布情况吗"这一问题来了解被访者对街区公共文化资源的知晓度。结果显示22.7%的受访者表示"了解",7.7%的受访者表示"不了解",约七成的受访者表示部分了解。在对这些文化设施提供服务的

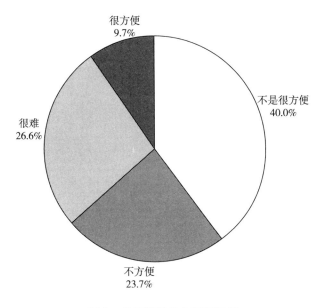

图2　月坛街道幼儿园便利度

满意度调查中，表示"满意"（41.1%）和"很满意"（12.1%）共53.2%。表示服务"一般"的占40.0%，还有6.8%的人表示"不满意"（5.8%）和"很不满意"（1.0%）（见图3）。

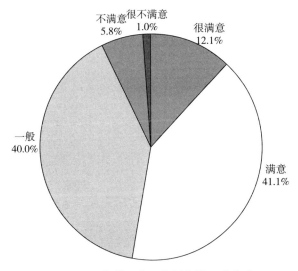

图3　月坛街道公共文化服务情况满意度

从具体从服务项目参与度看，参与"免费的电影放映"的受访者人数为59.4%，所占比例最高。参与"书画展览、摄影展"等和"戏剧、音乐会等文艺演出"比例相当，分别为50.7%和48.8%。另外，15.9%的受访者表示"以上都没去过或参与过"（见图4）。

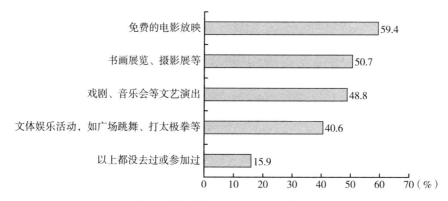

图4　月坛街道公共文化活动参与度

（三）社区服务评价：81.6%的居民对群众文化服务的满意度最高

在社区文化教育体育服务方面，受访者对于"社区群众文化服务"的满意度最高，达到81.6%。此外，对"社区中小学生社会实践服务""社区科普服务"满意度相对较高，但仅分别为44.0%和26.6%（见图5）。在最

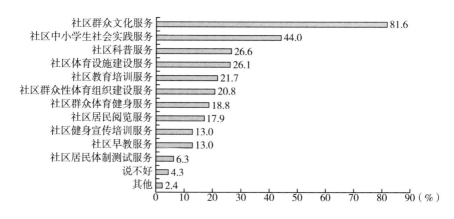

图5　月坛街道社区服务满意的项目情况

不满意的服务项目中，对"社区早教服务"不满意的占 37.7%；对"社区居民体质测试服务"不满意的占 23.7%；还有 22.7% 的受访者对"社区体育设施建设服务"不满意。

（四）就业（创业）服务评价：平均参与率在45%左右

调查显示，在就业（创业）指导和就业（创业）服务方面，参与度最高的是"社区职业介绍和岗位推荐服务"，所占比例为 67.6%，分别有 47.3%、45.9% 的受访者选择了"'零就业家庭'就业帮扶服务"和"社区就业困难人员再就业服务"选项。另外有 10.6% 的受访者表示"不清楚"（见图6），说明没有这方面的需求。由此可见，关于就业创业服务，街道社区工作做得较为扎实，有 27.5% 的受访者表示接受过"社区推荐"。

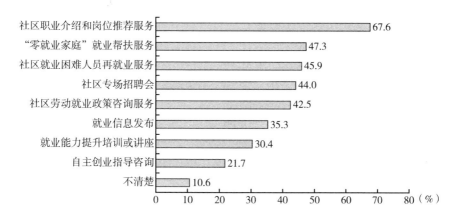

图6　月坛街道就业指导和就业服务项目情况

（五）为老服务评价：超六成受访者表示"满意"

对于社区提供的为老服务项目，问卷中所涉及的 10 大类服务均不同程度地受到欢迎。其中"生活照料""医疗保健""紧急救助"需求排在前三位，分别达到 72.9%、62.3% 和 59.4%。"身体锻炼"选项最低，占 23.2%（见图7）。

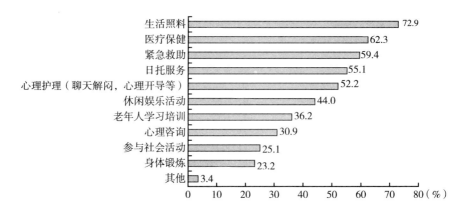

图7　月坛街道社区为老服务项目需求情况

　　月坛街道高度重视为老服务工作，以社区为单位针对老龄人口开展了多项服务。在对现有为老服务项目的满意度方面，有57.0%受访者表示"满意"（44.0%）或"很满意"（13.0%），有36.7%的人表示"一般"，但仍有6.3%的人表示"不满意"（见图8）。

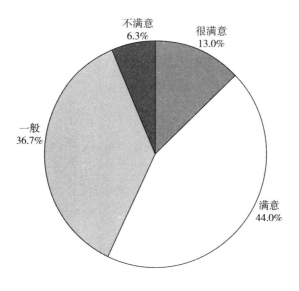

图8　月坛街道社区养老服务项目满意度

（六）残疾人专项服务评价：过半数受访者认为专用设施不够完善

问卷调查结果显示，有 37.2% 的受访者表示所在社区的残疾人专项服务设施"比较完善"（31.4%）和"非常完善"（5.8%），而认为不够完善、选择"有部分专用设施"的受访者也达到 52.2%。同时，还有 10.6% 的受访者表示"基本没有"（见图 9）。

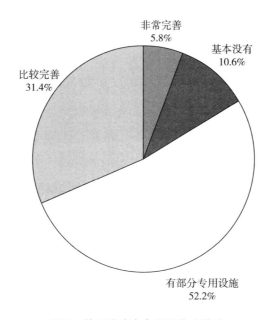

图 9　社区残疾人专用设施完善度

从社区残疾人服务项目供给情况来看，"康复照料""就业指导""法律援助"等方面的服务供给排在前三位。62.3% 的受访者选择了包括知识讲座、康复咨询、免费健康体检、建立电子健康档案等在内的"康复照料"，59.4% 的受访者选择了"就业指导"。另有 50.7% 受访者选择了"法律援助"服务。数据反映，受访者对"慈善捐赠""文教服务""心里抚慰"方面的服务供给评价偏低（见图 10）。

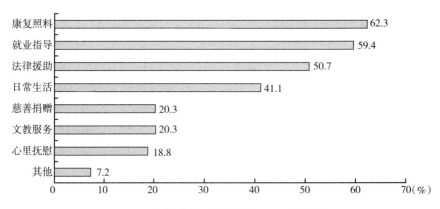

图10 月坛街道社区残疾人服务项目供给情况

（七）便民服务评价：公园或公共绿地最为稀缺

对"最后一公里"社区便民服务的便利度情况调查显示，19个选项中，89.4%的受访者认为"超市便利店"最为便利，认为"美容美发""商场购物""早餐"便利度的分别是59.9%、57.5%和49.3%（见图11）。而在最不便利评价中，排在前四位的是"公共停车场站"（34.6%）、"幼儿园、小学"（29.3%）、"体育运动场所"（26.8%）和"文化场馆"（26.8%）。

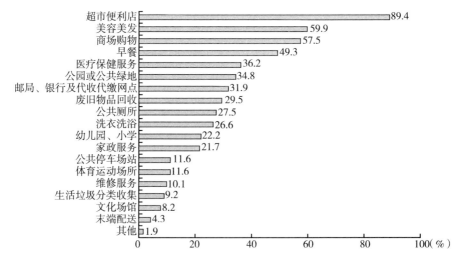

图11 月坛街道便民服务便利情况

（八）社区安全服务评价：社区治安服务供给最好

在公共安全服务项目供给情况调查中，社区治安服务的供给情况最好。调查显示，12 个选项中，排序最靠前的是"社区治安服务"，供给占比75.8%，之后超过五成选项的依次为"社区禁毒宣传服务""社区法律服务"，分别为 58.0% 和 55.6%（见图 12）。总的来看，对于社区安全问题，月坛街道十分重视，服务领域较宽，供给相对均衡。

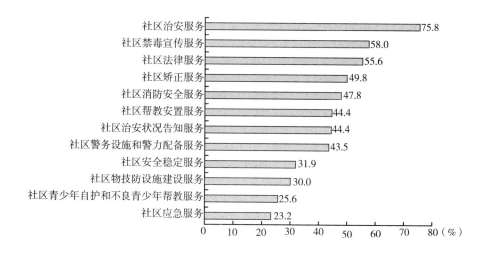

图 12 月坛街道社区安全服务项目供给状况

（九）地区信息基础设施评价：受访者普遍对推进智慧化、便利性基础设施投入表示支持

随着信息技术的迅猛发展和快速应用，人们对智慧化、便利化的信息基础设施的需求日益上升。在问卷调查中，按照需求程度，居民的选项由高到低分别为"社区停车缴费智能化""社区便民服务在线办理""社区生活服务信息查看""加强智慧社区信息基础服务设施建设""社区政务信息查看"（见图 13）。

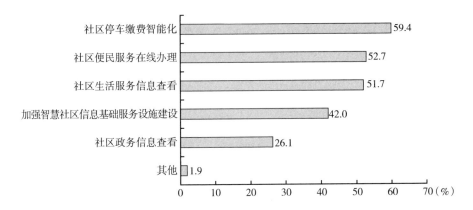

图 13　月坛街道社区信息基础设施服务需求情况

三　基本数据结论

月坛街道受调查居民的收入水平高于全区平均水平。家庭支出结构中基本生活类消费居主导地位，文化体育类消费次之。此次调查，围绕公共教育资源、公共文化服务、社区服务、就业（创业）服务、为老服务、残疾人专项服务、便民服务、公共安全服务和地区基础设施服务等九个方面进行评价，得出以下结论。

第一，在公共教育资源评价方面，被调查者对月坛地区的教育资源状况总体较为满意，但超过90%的受访者对辖区幼儿园的布局和供给表示不满意，学前教育问题不容忽视。

第二，在公共文化服务评价方面，对街区公共文化资源分布的知晓度超过九成，对其提供的服务满意度仅为53.2%。在具体项目中，居民对"免费的电影放映"项目的参与度最高，占59.4%。

第三，在社区服务评价方面，受访者对"社区群众文化服务"的满意度较高，达到81.6%。分别有37.7%、22.7%和23.7%的受访者对"社区早教服务""社区体育设施建设服务""社区居民体质测试服务"不满意。此外，对社区体育服务的整体满意度普遍不高。

第四，在就业（创业）服务评价方面，街道较为重视，居民参与度最高的是"社区职业介绍和岗位推荐服务"，所占比例为67.6%。另外有27.5%的受访者表示在就业服务中接受过"社区推荐"。

第五，在为老服务评价方面，"生活照料""医疗保健""紧急救助"等服务选项最受欢迎。对现有的为老服务项目，有57.0%受访者表示"满意"和"非常满意"。

第六，在残疾人专项服务评价方面，分别有31.4%和62.8%的受访者认为社区残疾人设施"比较完善"和不够完善。从社区残疾人服务项目供给情况来看，"康复照料""就业指导""法律援助"最受欢迎，"康复照料"占比达到62.3%。

第七，在便民服务评价方面，89.4%的受访者认可"超市便利店"的分布情况，但认为最不便利的是"公共停车场站"（34.6%）、"幼儿园、小学"（29.3%）、"体育运动场所"（26.8%）和"文化场馆"（26.8%）。

第八，在社区安全服务评价方面，社区服务项目供给较为丰富，在12个选项中，认为"社区治安服务"供给最好的，占比75.8%，之后是"社区禁毒宣传服务"和"社区法律服务"，均超过五成，分别为58.0%和55.6%。

第九，在信息基础设施评价方面，人们对智慧化、便利化的信息基础设施的需求普遍较高。"社区停车缴费智能化""社区便民服务在线办理"的选项分别为59.4%和52.7%。

综上所述，我们进一步梳理出公共服务调查中的13个重点选项，需要街道予以关注（见表3）。

表3　月坛街道公共服务重点选项调查数据

序号	需重点关注的调查选项	调研占比（%）
1	便利度最差的公共教育服务选项"幼儿园"	90.3
2	参与度最高的公共文化选项"免费的电影放映"	59.4
3	满意最高的社区服务选项"社区群众文化服务"	81.6
4	满意最低的社区服务选项"社区早教服务"	37.7
5	参与度最高就业（创业）选项"社区职业介绍和岗位推荐服务"	67.6

续表

序号	需重点关注的调查选项	调研占比（%）
6	满意度最高的为老服务选项"生活照料"	72.9
7	满意度最低的为老服务选项"身体锻炼"	23.2
8	满意度最高的残疾人服务选项"康复照料"	62.3
9	满意度最低的残疾人服务选项"心理抚慰"	18.8
10	便利度最高的便民服务选项"超市便利店"	89.4
11	便利度最差的便民服务选项"公共停车场站"	34.6
12	供给最好的公共安全服务选项"社区治安服务"	75.8
13	需求度最高的信息基础设施选项"社区停车缴费智能化"	59.4

四　对策建议

在疏解整治促提升专项行动中，虽然街道采取了各种手段去利用好很有限的每一处公共空间，增加公共服务供给，但由于可调控的资源有限，街道的这种努力并不能使公共服务供给出现实质性好转。有鉴于此，提出以下建议。

（一）以社区居民需求为导向的公共服务资源优化配置

公共服务设施的配置要充分以居民的满意度和需求为基础，要加强现状调研和需求分析预测。建立公共服务自下而上的决策机制，增强公共服务决策的科学性和有效性。应改革过去自上而下的决策机制，结合西城区"为民办实事工程""民生工程、民意立项"，充分以社会治理的理论和理念为指导，完善公共服务决策程序，拓展居民诉求表达渠道，建立起"自下而上"的决策机制，让居民参与到决策中来，由需求者来选择政府应该提供哪些公共服务。在执行过程中，让政府和居民共同决定，进而提高社区公共服务资源配置的科学性和有效性。

（二）充分发挥社区自治，开展社区公共服务合作治理

政府在社区建设和治理当中起主导的作用，是社区公共服务的主要提供者。除了社会保障、公共安全等市政类的公共服务外，政府还要负责提供社会救助、人口登记与管理等社会公共服务，政府大包大揽各项公共服务供给，必然带来政府所提供的公共服务质量和效率不高等问题。因此，政府应充分引导和指导基层组织发挥自我管理和自我服务的作用，开展社区公共服务，直接服务于社区居民。培育社会组织和规模，孵化培育养老、助残、法律援助、文化生活、医疗服务、青少年心理咨询与辅导等一批社区社会组织品牌，使其成为政府服务于民的有益补充。月坛街道培育的社会组织在为老服务方面发挥了巨大作用，在满意度调查中可以看出，为老服务的满意度连续两次调查都排名靠前。月坛街道可以积极借鉴该项工作的经验，积极孵化培育其他种类的专业社会组织，积极响应居民的需求。

（三）打造社区"服务圈"

由居委会牵头，建立福利服务等公共服务委员会。吸纳社区范围内政府资源、市场资源和社会资源参与，形成社区层面的社会化公共服务平台。建立健全社区党组织领导、社区居委会主办、中介组织运作、社区居民参与、有关部门指导服务的工作运行机制。培育社区服务组织，引入项目管理和准市场机制，有效整合社区内科技、教育、卫生、文化、体育和生活服务等公共资源，形成以所在社区工作及居住人口为服务主体的"服务圈"。

B.3

月坛街道基于工作人口的
地区公共服务调查报告

摘　要：　工作人口是区域发展的重要参与者和推动者，为其提供便利、持续、优质的公共服务，对优化地区发展环境和服务水平、提高街道服务区域发展的能力具有重要意义。为此，课题组在 2015 年 1 月对辖区工作人口首次进行公共服务调查之后，于 2017 年 5 月再次就企业工作人口对月坛地区的公共服务供给、参与和获得情况进行问卷调查。本报告通过从服务机构认知度、社区服务参与度、地区生活便利度、社区基本公共服务满意度、社区公共服务需求度五个方面进行分析，在对调查情况进行纵向比较的基础上，得出总体结论并针对存在的问题提出具体建议。

关键词：　月坛街道　公共服务　工作人口　对策建议

月坛街道是北京城建城源地，有白云观、月坛、清真永寿寺和明北京城墙遗址等 4 处文物古迹。服务企业发展、做好工作人员公共服务保障水平任务重大。本报告所涉及的调查对象是在月坛街道辖区内纳税情况较好的一些企业的工作人员，包括中高层管理人员和普通员工，调查进行时间为 2017 年 5 月。共发放问卷 300 份，其中有效问卷 239 份（见表 1），有效回收率为 79.7%。

一 调查样本情况

调查对象中,中高层管理人员和普通员工的比例为0.9∶1,男女比例为0.7∶1,在本单位工作三年以上的占比为64.0%,本科或大专学历占绝大部分,为74.1%,硕博高端人才占11.7%。年龄在26~45岁的工作人口比例达到66.5%,是企业劳动力的中坚力量。从户籍分布来看,本市户籍人口达到了59.0%,其中本区户籍人口占比29.3%,本市其他区户籍人口占比29.7%。从居住地情况看,拥有自有住房的工作人员约占六成。从家庭结构来看,三口之家居多,占49.0%。从员工收入来看,124名普通员工中,家庭人均月收入在5000元以下的占比为54.5%,超过10000元的占比17.4%,但仍有1人表示家庭人均月收入低于北京市最低工资标准1890元。115名中高层管理人员中,月收入在5000元以下的占比仍有22.6%,月收入在5000元到10000元的占49.6%,超过20000元的占7.8%(见表1)。

表1 调查样本基本情况统计

单位:人

性别	男		98		女		141
年龄	25岁及以下	26~35岁	36~45岁		46~55岁	56~65岁	65岁以上
	29	93	66		41	7	3
户籍	本区户籍		本市其他区户籍			非本市户籍	
	70		71			98	
居住情况	本区,自有住房		67		本市其他区,自有住房		87
	本区,非自有住房		41		本市其他区,非自有住房		44
工作年限	三年以上		一年到三年			一年以下	
	153		53			33	
学历	博上研究生		硕士及研究生		本科或大专		高中或中专以下
	4		24		177		34
家庭构成	四口以上	四口		三口		二口	一口
	33	40		117		31	18

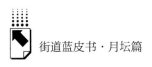

续表

收入情况	普通员工家庭人均月收入					
	1890 元以下	1890 ~ 3399 元	3400 ~ 4999 元	5000 ~ 9999 元	10000 ~ 19999 元	20000 元以上
	1	22	43	37	18	3
	中高层管理人员月收入					
	5000 元以下	5000 ~ 9999 元	10000 ~ 19999 元	20000 ~ 29999 元	30000 ~ 49999 元	50000 元以上
	26	57	23	5	1	3

二 社区服务机构认知度

(一)街道办事处服务事项:受访者认知度有待提高

对于街道办事处对企业的服务事项的认知程度,13.0%的受访人群表示"知道",47.3%的人表示"知道一些",而表示"不知道"的人占39.7%（见图1）。由此可见,企业对月坛街道的服务企业事项认知度还有待提高。

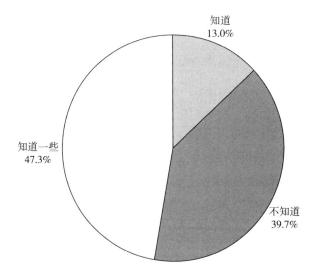

图 1 月坛街道服务企业事项认知度

（二）社区居委会：企业对社区的认知度出现下滑

调查显示，关于社区居委会的办公地点、服务项目、领导姓名和相关活动，有25.5%的受访者表示对以上情况"都不知道"。其中，62.8%的受访者"知道办公地点"，22.6%的受访者"了解服务项目"，12.1%的受访者表示"知道领导姓名"，24.4%的受访者表示"参加过活动"（见图2）。而上次（指2015年1月的首次调查，下同）的这四个方面的调查数据分别为86.5%、50.2%、49.1%和42.9%，均出现了一定程度的下降。

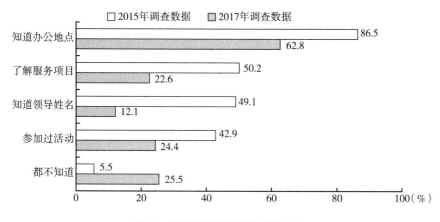

图2　月坛街道社区居委会认知度

三　社区服务参与度

（一）社区服务项目：受访者参与度整体下降

此次问卷再次重申了上次的问题，从10个方面进行了调查（见图3），结果显示，企业工作人员参与社区服务项目的频度整体上升。社区服务选项"都未参与"的人数从上次的32.7%上升为59.7%。从具体服务项目看，参与或享受过家政服务的受访人数排在首位，占比较上次的17.5%下降到

16.0%。接下来的三个选项依次是"图书阅览"（10.5%）、"法律服务"（10.5%）和"人才交流"（7.1%）。相比上次调查，分列第二、三、四位的"棋牌娱乐"（23.1%）、"图书阅览"（20.0%）和"家政服务"（17.5%）有了较大幅度的下降。同样，本次调查中"婚姻介绍"仍然排在最后一位，但参与度也由2.7%下降到2.5%。这表明街道为驻区企业工作人员提供服务的效果还有待改善，有近60%的人未参与到社区服务中，服务供给还有很大的提升空间。

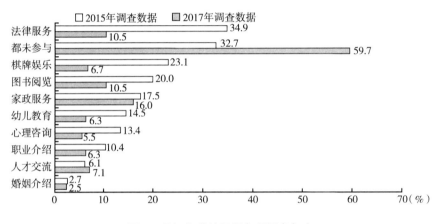

图3　月坛街道社区服务项目参与度

（二）社区文化活动：超过半数人群未参与

对街道组织的文化活动参与度的调查显示，5.9%的受访者表示"经常参加"，"偶尔参加"的占33.5%，"从未参加过"的为60.7%（见图4）。调查数据表明，月坛街道的文化活动参与度不足，活动开展的影响面也有待提高。需要特别注意"从未参与过"任何活动人群的需求，丰富活动内容，扩大宣传渠道。

（三）社区公益事业：全部受访者愿意参加公益活动

此次问卷再次调查了企业工作人员对街道或社区组织的公益活动的参与意

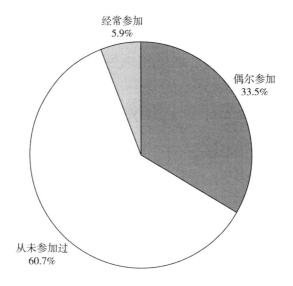

图4　月坛街道文化活动参与度

愿。结果显示，在"公益培训"、"文艺演出"、"助老助残"、"治安"和"绿化"五个选项中，全部受访者都有不同选择（见图5）。相应比例分别由上次的31.5%、29.7%、31.3%、36.5%和30.8%变化为37.4%、19.6%、26.5%、21.3%和45.7%。这说明驻区企业工作人员对公益活动的参与意愿较高，街道社区应多策划组织相关公益活动，以便于人们参与到公益行动中来。

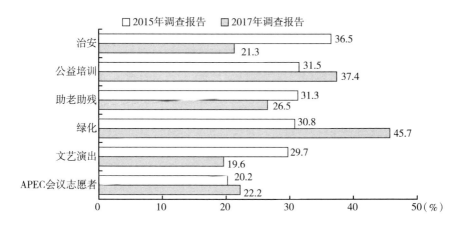

图5　月坛街道社区公益事业参与意愿

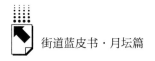

四 地区生活便利度

（一）停车资源情况：停车难问题得到了较大改善

从对停车资源情况的调查可知（见图6），79.5%的受访者都认为单位周边停车条件不好，其中15.5%的受访者认为已经严重影响工作，这一数据较上次调查的27.0%下降了11.5个百分点，认为停车便利度"很好"的由13.7%上升至20.5%。这组数据表明，月坛地区的停车难问题得到了一定的缓解。面对驻区企业的切身诉求，应再接再厉，想方设法解决好停车难问题。

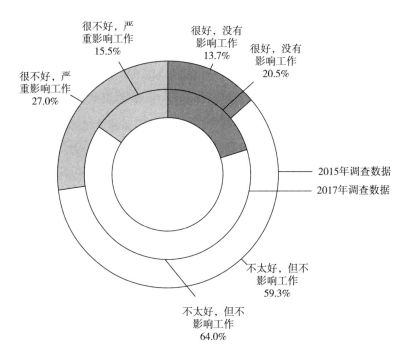

图6 月坛街道停车条件便利度

（二）交通便利度：40.6%的受访者表示"最后一公里"步行时间超过10分钟

西城区位于首都核心区，地铁、公交等交通系统便利完善，在绿色出行理念的倡导下，公共交通成为区内企业通勤的首要选择。通过对公交车或地铁下车后"最后一公里"步行时间的调查，有40.6%的企业工作人员表示下车后需步行10分钟以上，其中步行10~15分钟的占比为21.8%，15分钟以上占比为18.8%（见图7）。而上次调研时这两个数据分别为24.6%和23.8%。由此可见，公共交通出行方面有了一定改善。从这个角度看，共享单车应是最好的补充。

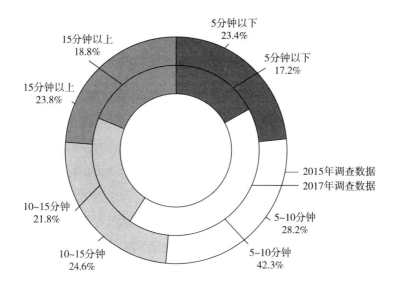

图7　月坛街道"最后一公里"交通便利度

（三）早餐便利度：早餐供应点便利度降低

本次早餐便利度同样涉及四个方面的选项。调查结果显示，93.3%的人表示不能够方便地在周边找到早餐供应点。其中，"基本没有""很不方便""稍有不便"的分别为18.0%、10.0%和65.3%（见图8）。这三个数据上一次分别是9.5%、10.1%和49.6%。由此可见，月坛街地区的早餐供应情况总体仍有不足，且有加重趋势。在疏解整治促提升和背街小巷环境治理的形势下，在早餐店变少的同时，确保辖区工作人员的基本生活不受影响应引起高度重视。

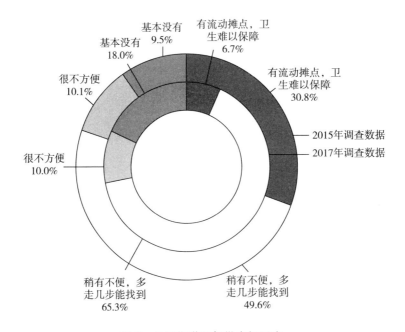

图8　月坛街道早餐供应便利度

五　社区基本公共服务满意度

（一）社会保障服务：社会保障水平满意度总体下降

社会保障服务具有保基本、促稳定的作用。月坛街道社会保障服务调查结果显示，"医疗保险"、"养老服务"和"就业服务"满意度名列前三位，"医疗保险"服务满意度最高为48.8%。从整体来看，各选项的满意度评价最高不超过半数（见图9）。与上次调查相比，所有选项数据的满意度均变化不大，"医疗保险"增长了4.8个百分点，"养老服务"、"就业服务"、

"社会福利"、"社会救助"、"住房保障"和"低保"分别降低了2.9个百分点、3.5个百分点、0.7个百分点、2.3个百分点、12.5个百分点和6.5个百分点，其中，"住房保障"和"低保"下降最严重。此外"都不满意"的人数由10.4%下降为8.3%。

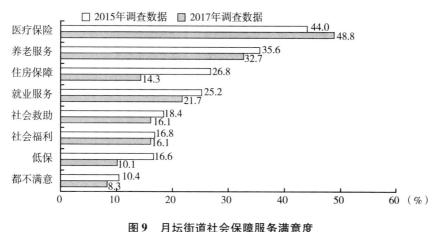

图9　月坛街道社会保障服务满意度

（二）医疗卫生服务：满意度平均上升17个百分点

调查结果显示，"就医方便"由上次的56.5%上升为64.9%；"价格合理""设施先进"分别下降了12.1个百分点和5.2个百分点，分别为34.2%、19.1%；表示"都不满意"的由6.8%上升为12.4%（见图10）。从总体来看，月坛街道的医疗卫生条件出现了下滑，医疗卫生服务仍有一定的提升空间。

（三）公共安全：满意度整体提高

在公共安全的调查中，83.1%的受访者表示对"社会治安"满意，34.7%的受访者对"流动人口管理"满意，31.8%的受访者对"突发事件处理"满意。社会治安和突发事件处理较上次调查分别上升了11.7个百分点和5.7个百分点，流动人口管理下降了3.6个百分点，对这三个方面"都

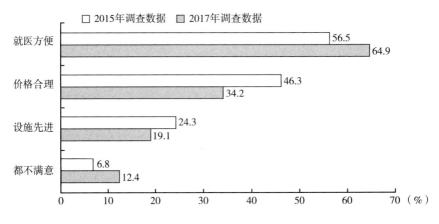

图10　月坛街道医疗卫生服务满意度

不满意"的由6.6%下降为3.8%（见图11）。由此可见，月坛地区的公共安全状况整体提升，但进一步改善的空间较大。

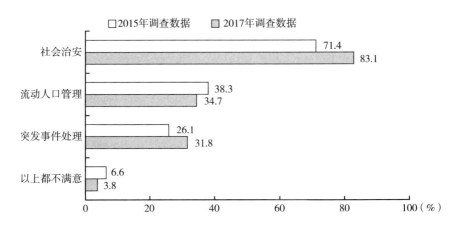

图11　月坛街道公共安全满意度

（四）市容环境：五类选项的满意度整体较低

从调查结果来看，月坛街道在市容环境提升和保持方面整体"不及格"。在满意选项中，63.6%的受访者选择了"生活垃圾定时投放、定时清运工作"，选择"低矮面源污染和露天烧烤治理""扬尘污染治理""雾霾等空气质量问题的应急举措"和"厨余垃圾分类收集与利用"的分别为44.5%、25.4%、23.3%和19.9%（见图12）。这四个满意度选项不到半数，与此同时，仍然有5.1%的受访者选择"都不满意"。

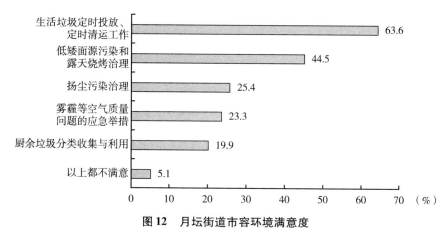

图12　月坛街道市容环境满意度

（五）城市管理：违章停车问题得到改善

从此次调查的情况看，城市管理问题的解决方面取得了一定的成果。有52.0%的受访者认为"违章停车"问题最为突出，其次是"街巷保洁"和"绿化不够"问题。与上次调查相比，"违章停车""游商占道"呈下降幅度明显，分别下降了11.0个和11.8个百分点，其他选项均未有较大的改善（见图13）。

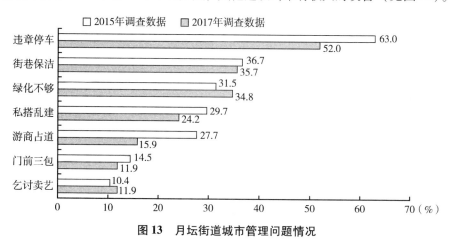

图13　月坛街道城市管理问题情况

由此证明，疏解整治促提升和背街小巷治理行动在某些方面取得了一定的成效，但仍需要统筹谋划、全面推进。

（六）公用事业服务：总体满意度呈下降趋势

调查显示，月坛地区工作人口对辖区市政公用事业的满意度总体呈下降趋势。对各选项表示"都不满意"的从2.5%降为0。从满意度排序看，依次为供电（62.8%）、供水（58.2%）、供气（50.6%）、市容市貌（49.8%）、通信（43.1%）、邮政（37.2%）、信息化水平（30.5%）和规划布局（28.9%）。其中供水、供电、通信等均出现下降，满意度最低的是城市规划布局（见图14）。

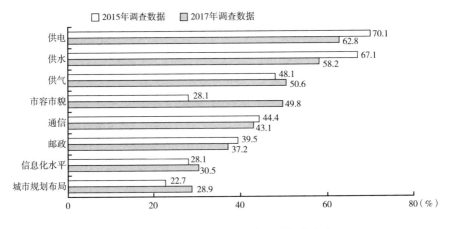

图14　月坛街道市政公用事业服务满意度

（七）消防安全：防火设施和安全状况有所改善

此次调查显示，56.9%的受访者表示"防火设施很好，会安全逃生"，40.2%的人表示"防火设施一般，火势不太大的情况下可以逃生"。另外，2.9%的人表示"防火设施不好，逃生机会不多"（见图15）。

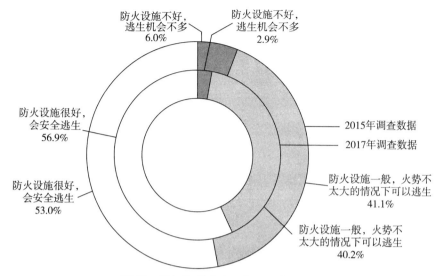

图15 月坛街道消防设施和安全满意度

六 社区公共服务需求度

（一）硬件设施需求：对体育健身点的需求最为迫切

公共服务设施是丰富社区文化必不可少的硬件设施。对月坛地区社区最缺乏的公共服务设施的调查显示，体育健身场所、图书室和文化活动室最为短缺，此次调查分别有66.2%、38.8%和27.8%的受访者表示不能满足需求。此外，对文化活动室的需求由39.0%下降到27.8%（见图16）。

（二）服务项目需求：医疗保健、便民利民服务、文化娱乐位列前三

调查显示，企业工作人员对月坛街道的医疗保健服务（46.3%）需求度最高，便民利民服务（41.0%）、文化娱乐（31.4%）和老年服务（25.3%）紧随其后（见图17）。

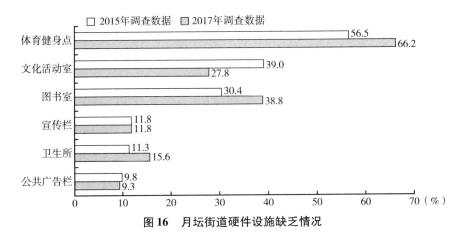

图16　月坛街道硬件设施缺乏情况

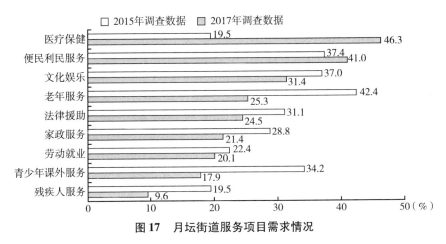

图17　月坛街道服务项目需求情况

七　基本数据结论

基于对月坛街道驻区单位工作人员的调查，并与上次调查进行比较后，我们从社区服务机构认知度、社区服务参与度、地区生活便利度、社区基本公共服务满意度和社区公共服务需求度等五个方面进行归纳，得出如下结论。

第一，在社区服务机构认知度方面，60.3%的受访者表示对街道办事处企业服务事项"知道"（13.0%）或"知道一些"（47.3%）；74.5%的受访者对居委会或多或少了解些，对社区服务机构认知度仍有待提升。

第二，在社区服务参与度方面，社区服务项目参与度整体下降，40.3%的受访者参与过社区服务项目。其中，参与家政服务的受访人数最多，占比为 16.0%；参与过社区文化活动的受访者不足四成。全部受访者表示愿意参加公益活动，其中 37.4% 的人员愿意参加公益培训活动。

第三，在地区生活便利度方面，停车难问题得到了一定改善。其中，15.5% 的受访者表示停车条件很不好，严重影响工作；40.6% 的受访者表示"最后一公里"步行时间超过 10 分钟，共享单车应是最好的补充；有93.3% 的受访者表示不能够方便地在周边找到早餐供应点，早餐便利度问题继续扩大。

第四，在社区公共服务满意度方面，社会保障服务项目中，医疗保险服务满意度最高，达到 48.8%，而住房保障和低保的满意度最低；医疗卫生服务中，有 64.9% 的受访者表示就医方便；公共安全整体情况呈上升趋势，83.1% 的受访者对社会治安表示满意；市容环境五类选项的满意度平均不足四成，"生活垃圾定时投放、定时清运工作"评价较高，"低矮面源污染和露天烧烤治理""扬尘污染治理""厨余垃圾分类收集与利用""雾霾等空气质量问题的应急举措"的满意度未达到半数；城市管理中，"违章停车"问题较为突出，"违章停车""游商占道"现象大有改善；对公用事业服务各选项的满意度呈下降趋势，其中供水、供电、通信等均有下降，满意度最低的是城市规划布局，仅有 28.9% 的满意度；从消防安全看，防火设施和安全状况总体有所改善，选择"防火设施很好，会安全逃生"的为 56.9%。

第五，在社区公共服务需求度方面，硬件设施需求中，对体育健身点的需求最为迫切，上升到 66.2%。此外，图书室和文化活动室的需求分别为38.8% 和 27.8%，文化活动室的需求度处于下降趋势；服务项目需求中，企业工作人员对月坛街道的医疗保健服务需求度最高，便民利民服务、文化娱乐和老年服务紧随其后。

对上述结果进行梳理可以看出，虽然部分项目服务取得了一定改善，停车难问题得到了有效改观；但整体来看，月坛地区的公共服务水平总体略有

下降。从具体选项的数据变化看，月坛地区的公共服务亮点较为明显，难点也较为突出，有13个选项值得重点关注（见表2）。

表2　月坛街道公共服务重点选项调查数据比较

序号	需重点关注的调查选项	2015年1月调查数据（%）	2017年5月调查数据（%）	数据变化情况
1	最积极参与选项"家政服务"	17.5	16.0	下降1.5个百分点
2	最愿意参与选项"绿化"	30.8	45.7	上升14.9个百分点
3	满意度最高的选项社会保障选项"医疗保险"	44.0	48.8	上升4.8个百分点
4	满意度最高的选项公共安全选项"社会治安"	71.4	83.1	上升11.7个百分点
5	便利度最差选项"停车条件不好"	86.3	89.5	上升3.2个百分点
6	便利度较差选项"吃早餐不方便"	69.2	93.3	上升24.1个百分点
7	满意度最差城市管理选项"违章停车"	52.0	63.0	上升11.0个百分点
8	满意度较差城市管理选项"违章停车"	63.0	52.0	下降11个百分点
9	满意度最高城市管理选项"乞讨卖艺"	10.4	11.9	上升1.5个百分点
10	需求度最大公共服务设施选项"体育健身场所"	56.5	66.2	上升9.7个百分点
11	需求度较大公共服务设施选项"图书室"	30.4	38.8	上升8.4个百分点
12	需求度最大公共服务项目选项"医疗保健"	42.4	46.3	上升3.9个百分点
13	需求度较大公共服务项目选项"便民利民服务"	37.4	41.0	上升3.6个百分点

八　对策建议

（一）按照社区类型优化公共服务设施

不同类型的社区，其地理位置、人口结构和数量、资源环境等都存在较大差异，公共服务需求对应也会存在差异，工作人口聚集的办公区和老旧小区在公共服务设施和服务内容上应该有所不同、有所侧重。如在老旧小区、老年人和残疾人集中的社区增加布局养老助残设施，在年轻人聚集的新建小区优化布局文化、体育设施。而在办公区聚集的社区可以通过资源共享来满足周边居民的需求。另外，对辖区工作人口聚集的社区可组织各类公益活动，为有意愿参与公益活动的工作人口搭建平台，形成社区自我服务的良好风尚。此外，月坛地区人口素质较高，在对公共服务上也存在更高的要求，传统的基本公共服务供给恐难以满足，可探索通过市场化、数字化的途径拓展便民利民服务种类。

（二）深化街道层面体制创新

进一步深化街道体制创新，坚持街道作为政府派出机构的职能，改进街道层面政府管理和服务工作，为公民提供优质便捷的管理和服务。月坛街道对大部制改革做出了有益探索，不断优化内设机构，有利于进一步形成管理和服务的合力，但仍需要加强综合管理和公共服务的组织工作。一是完善和创新领导管理机制，理顺区、街道、社区三级城市全响应管理网络。二是建立全社会联动机制和协作机制，实现上下级组织、其他社会组织和人民群众之间良性互动、相互协作，克服街道"唱独角戏"和"单打独斗"的现象。三是建立街道层面的民主管理和监督机制，健全街道办事处对政府专业管理部门监督评议的工作机制。

要加强社会监督，通过社交媒体等对政府管理的重要举措和城市治理效果进行广泛宣传，加强政府和居民之间的互动。并发挥社会公众监督和舆论监督的作用，通过行政务公开、居民投诉、新闻舆论曝光等方式，让社会各界力量参与到城市治理当中，充分发挥群众的监督作用。

（三）进一步加强城市管理

理顺城管部门与其他部门，如街道、规划、工商、环保、公安、交通等的具体职责，明确落实管理责任。实现权责一致。对一些确需多部门协

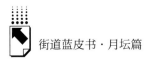

同配合完成的事项，明确牵头部门，真正形成齐抓共管局面。在禁止占道经营的基础上，可以将道路边角、小街巷设为控制区，合理设置一些便民性服务摊点，让一些具有经营资格的弱势群体来经营，这样既可以让部分弱势群体维持生计，又能方便居民生活，使城市管理工作更趋人性化和社会化。

理 论 报 告

Theory Reports

B.4
政府购买社会组织公共服务
理论依据与实践

——以月坛街道为例

摘　要： 政府购买社会组织公共服务，有助于促进政府简政放权，实现政府职能转变，创新了公共服务供给方式。我国公共服务多元供给主体格局逐渐形成，社会组织作为公共服务供给的重要力量，越来越受到政府和社会的重视，不断加大购买力度。但从总体来看，推动政府购买社会组织服务的制度建设仍然在不断探索完善中，这就导致在实践过程中还面临着一些障碍，本报告以月坛街道作为基层政府购买社会组织养老服务为例，剖析现实中存在的困境，提出进一步完善政府购买社会组织公共服务的意见和建议。

关键词： 月坛街道　公共服务　社会组织　政府职能转变

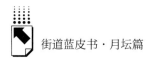

一 政府购买社会组织公共服务相关概述

"政府向社会组织购买公共服务"是指政府将原来由政府直接提供的公共服务，根据特定选择程序交给具备资质的社会组织来提供，并根据社会组织提供服务的情况，如服务的数量和质量等付费。目前，我国一些地方政府将这种公共服务供给方式归纳为一种"政府承担、定项委托、合同管理、评估兑现"的新型政府提供公共服务方式。

20世纪60~70年代末西方福利国家进入成熟期，其社会保障和社会服务步入全方位发展阶段，随之而来是费用支出的增长，使得政府财政压力不断加大。为此，西方国家开始改革和调整社会保障体系，改变政府单一提供公共服务的状态，由多元社会主体来进行提供，政府购买公共服务应运而生并得到发展。实践证明，通过政府购买公共服务能够转变政府职能并缩小政府规模，提高公共服务效率并降低行政成本，有利于促进政府与社会组织、营利性机构建立合作关系。

公共服务供给侧结构性改革是我国公共服务改革的必由之路。政府购买服务将是改革的新方向，可以应对当前政府面临的四种情况：一是政府提供的公共服务有效供给率低，不能满足公众需求；二是新公共管理运动的兴起和发展带来新的挑战；三是社会组织自身不断发展和完善；四是社会大众对公共服务供给的公私合作探索。

（一）政府购买社会组织服务的理论基础

1. 市场失灵理论和政府失灵理论

在"市场失灵"理论中，完全竞争的市场结构被认为是资源配置的最佳方式。但在现实经济中不可能完全满足理论上假设的过于苛刻的前提条件，所以完全竞争市场结构是不存在的，它只是一种理论上的假设。由于垄断、外部性、信息不完全和在公共物品领域单靠价格机制来实现资源有效配置是不行的，这就出现了市场失灵。

特别是在市场失灵的时候，为了实现资源配置效率的最大化，就需要政府这只无形的大手进行干预，这其实已经明确了政府干预经济的调控边界。但是在狭义市场失灵的理论基础上，广义的市场失灵理论又认为社会公平和经济稳定不能靠市场解决，需要政府出面化解，这就使得政府的调控边界突破了传统市场失灵的领域，将这只无形的手伸向了更广阔的领域。这一现象一方面说明政府在市场经济中的作用越来越重要，但另一方面又说明政府干预过多，需要对政府的行为加以规范，以提高政府的管理效率。

而作为公共物品范畴内的产品，公共服务往往需要由政府提供，这是因为政府代表公众实施公共权利，代表公众利益，应该为公共利益服务。政府在提供公共服务的过程中具有偏重普遍性的需求而忽略个性化需求的特征，在规模上和专业性上都具有一定的局限性，所以容易导致效率低下，不注重长期目标，只注重短期效益等问题。这就是所谓的"政府失灵"。正因为有"市场失灵"和"政府失灵"的存在，社会组织具有其存在的空间。

2. 合约失灵理论

美国法律经济学家亨利·汉斯曼（Henry B. Hansmann）提出的合约失灵理论认为，在公共物品的提供过程中，尤其是社会福利中，购买产品的具体情况与产品本身存在一定的差异，这种差异导致消费者和生产者在产品质量和服务质量上存在信息不对称的情况，使得消费者对厂商所承诺提供的商品或服务无法通过合约来准确判断是不是自己想要的，无法约束和监管市场组织的行为，进而无法达到契约约定的最优效果。在这样的情况下，由营利性的厂商构成的市场竞争只能是无效率的。而生产者为了获得更多的利益，通过提供劣质商品或服务来获取较高的额外收益，导致消费者蒙受损失。正是由于这种信息不对称，单凭生产者和消费者之间的合约很难防止生产者坑害消费者的机会主义行为，这就出现了"合约失灵"。

目前，由于社会组织相较于市场组织具有非营利性质，在提供福利服务的时候具有很好的优势，具有对社会需求反应迅速、服务效率更高等特点，使得社会组织参与公共产品的供给比市场组织更加具备优势，社会组织对政府存在依存关系，政府对社会组织存在信任感，使得社会组织往往和政府间的关系更加紧密，两者在合作上具有很强的内在动力和基础。在公共物品和社会福利的供给体系建立的过程中，政府和社会组织合作有利于形成一种优势互补、责任共担的模式。这种非营利性使得非政府组织能够在一定程度上弥补"合约失灵"，从而使消费者的利益得到保障。非政府组织的存在是消费者应对"合约失灵"的一种制度反应。

3. 多中心理论

传统上，公共物品的供给，由于公共物品具有的非排他性和消费上的非竞争性，长期以来政治学家和经济学家都认为，通过市场方式或私人供给使交易缺乏规模经济效益，容易导致高成本。因此，强调由政府来作为单一供给主体很有必要。早在20世纪50~70年代，理论和实践都停留在公共物品由政府单一提供的普供给模式上，即所谓的"单中心"制。随着20世纪70年代，政府失灵问题引起社会广大群众的关注，政府在公共物品领域供给效率较低，导致新公共管理理论的兴起，其核心问题就是推进公共服务和公共物品供给方式和结构的变革。其中，美国学者奥斯特罗姆提出的多中心理论比较具有代表性。多中心理论强调各主体，即国家与社会、政府与市场、公共部门与私人部门共同管理公共事务、共同承担公共责任，各主体间应该构建彼此依存、协商合作、良性互动的公共物品多元化供给结构的合作互动关系。多中心理论是相对单中心理论提出的，强调公共物品的提供者并非政府这个单一的主体，而是主要包括政府单位和非政府组织、企业及公民个人在内的许多主体，按照规范的运行规则，通过多种形式共同行使主体权利，共同管理社会公共事务。多中心理论的提出，公共物品的供给除了大部分由政府提供外，为了提高公共物品的回应性，提高生产力，还可以通过非政府组织或公民个人相互协作来共同提供，为公共物品供给提供了一种新的制度安排。

随着我国经济体制改革的不断深化，社会结构发生深刻变化，为了满足人民群众日益增长的多元化公共物品需求，需要对传统的管理机制和服务方式进行改革，进一步改进和完善公共物品供给体系。社区作为城市的基本单元，是居民群众获取公共物品最直接、最重要的平台。政府、非政府组织和社区力量在内的多主体，发挥各主体的优势和擅长供给物品，有利于弥补供给盲区，实现资源优势互补。基层政府在公共物品的供给过程中发挥重要作用，街道社区是居民表达公共物品需求和偏好的纽带和平台。

（二）政府购买社会组织服务的必要性

1. 推进政府职能转变的需要

政府向社会组织购买公共服务的做法，改变了以往由国家通过行政体系和其他企事业单位来担负公共服务有效供给的计划经济时代。这代表政府正在从直接提供公共服务的角色逐渐成为公共资源的协调者，也证明政府是在有意识地转变自己履行职能的方式方法，是推动行政管理体制改革以及政社合作互动的重要内容和关键所在。

2. 提高公众对公共服务满意度的需要

通过政府提供公共服务在传统上是理所应当的事。而现在，政府在提供公共服务过程中效率越来越低，因此，有必要由政府向社会组织购买公共服务。而社会组织又是源于人民群众、生活在社区居民当中的第三方组织机构，在人民群众中有广泛基础和较高的社会信任度，并具有较强的专业性，能较好地回应和满足居民对公共服务的需求。因此，需要由政府向社会组织购买公共服务，提高公众诉求满意度。

3. 促进社会组织发展的需要

过去我国政府对所有事务都是大包大揽，是一个全能型政府，所有资源掌握在政府手中，企业、社会组织等逐步成为政府的附属物，缺乏自主性。改革开放以后，政府逐渐向企业和社会组织放权，精简机构设置，我国各项事业都得以快速发展，但社会组织发展进程缓慢、力量薄弱、资源不足，能够担负的公共事务有限。因此，政府需要扶持和发展我国的社会

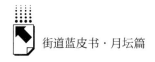

组织，将微观性和可操作性的公共事务转交给社会组织办理。一方面，在承接公共事务的同时，可以强化社会组织参与公共事务的能力，提高服务水平；另一方面，政府向社会组织购买公共服务，还可为其发展提供资金等方面的支持。

（三）政府购买社会组织服务的核心理念

1. 关于购买内容

在具体操作层面，一方面，为了更加贴近人民群众的需求，需要建立和完善公共服务需求调查机制，将广大人民群众的需求与意愿作为购买活动的出发点，将群众需求调查机制纳入政府购买公共服务流程；另一方面，政府购买公共服务应进行成本收益分析，不能盲目购买。在实际操作中，政府在购买公共服务时往往着重考虑资金是否紧张和职能是否能够实现转移的问题，忽略了公共职责的界线问题。一些公共服务并不适合由社会组织来承接，而应该由政府直接提供，并且不能转让或外包。因此，政府购买公共服务的目标不够准确，致使一些部门将购买公共服务当作解决管理问题的万能途径，通过购买公共服务，将"包袱"丢掉，或是借政府购买公共服务的机会来扩大自己的权力，使社会组织依附于自己。

2. 关于购买机制

在购买机制的建立方面，学者们普遍强调要健全服务购买的招投标机制，增强购买过程的独立性和竞争性，以提高公共服务水平和服务能力。在购买服务招投标过程中，增强其透明性与公开性，让审计部门、监察部门和纪检部门以及社会公众全部参与到招投标的过程中。建立健全购买服务的风险防范和规避机制。建立行政问责机制，当社会组织提供的公共服务不能满足要求或既定标准时，不但要追究社会组织的责任，而且要追究政府相关部门的责任，并以此来强化政府的公共责任意识。建立应急预案及实施机制，在社会组织提供公共服务过程中，如果出现意外，例如社会组织不履行协议内容或无能力提供相应的公共服务等情况，应有相应的问题解决方案。

3. 关于资金管理

在资金使用和管理过程中，要注意以下四个方面。

一是要做到定价机制透明，避免定价主体单一。不能仅仅由政府根据工作重点、服务需求和预算来单一定价，应该让社会组织、服务受益者等共同参与需求确定、项目设置和定价，推动政府购买服务的价格体系进一步科学化和合理化。

二是服务定价标准和结构要合理。首先，制定结构比例合理或单价标准明确的预算，严格执行财务核算制度等。其次，避免服务定价标准过低而影响服务质量。最后，在定价时，应该按照不同的服务类别和标准来进行合理定价，如高端、专业服务，基本服务，非专业服务等，互为补充。

三是政府要健全购买社会组织公共服务的资金保障。财政部门只有把政府购买公共服务经费纳入财政预算，建立预算式管理机制，并加大政府购买力度，才能为政府向社会组织购买公共服务提供较为科学和稳定的财力保障。与此同时，要建立政府购买服务的项目库，将项目库管理和预算机制进行对接，实现相关数据和信息的有机衔接。

四是加大对社会组织的资金扶持。加大政府购买服务力度，通过财政拨款等形式，在资金上给予社会组织一定的支持；调动社会资源，例如鼓励金融机构对符合条件的社会组织给予信贷支持；完善对社会组织运营的税收优惠政策；政府还可以对规模大、前景好和公众需求量大的社会组织及其公共服务项目予以贴息支持。

4. 关于绩效管理

建立和完善政府购买服务的监督和评估机制。除了建立政府和社会组织之间的双重监督机制外，还要加大公众的监督力度并建立追责机制，对政府部门不按规定购买服务，以及社会组织在提供服务过程中出现违纪和违法行为进行追责，例如终止经费拨付和视情况追回政府支付的资金等。同时，建立对社会组织承接公共服务的评估机制。要确定评估内容和指标体系，引入多元评估主体并选择恰当的评估方式，紧扣事前、事中、事后三个关键节点进行不同侧重的评估（见图1）。

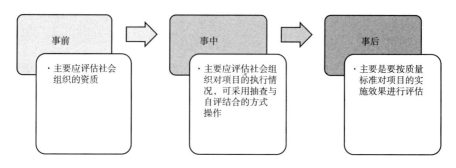

图 1　事前、事中、事后评估的重点内容

二　我国政府购买社会组织公共服务的历史演进

（一）我国颁布的相关政策导向

从 21 世纪初至今，我国政府在向社会组织购买公共服务的进程中经历了从实践探索到建立制度化机制的发展阶段，并在此期间相应地颁布了各种规范性文件（见图 2）。

政府向社会组织购买服务，并在《关于政府向社会力量购买服务的指导意见》中提出了很多具体要求（见图 3）。

（二）我国政府购买服务方式的历史演进

20 世纪 80 年代至今，我国政府购买服务的方式经历了从隐性购买到显性购买的转变，显性购买又分为非竞争性购买和竞争性购买两个阶段。80 年代至 90 年代中期为隐性购买阶段，这一时期尽管政府和社会组织之间的购买关系建立起来了，但是这种关系并不是通过契约来实现的，公共服务标的也没有得到明确，而且购买双方主体并没有完全独立，购买也没有通过公开竞标的方式来完成。90 年代中期至今为显性购买阶段，1995～2005 年为非竞争性购买阶段，政府开始采用契约的形式向社会组织购买公共服务，但这一时期并没有完全引入竞争机制，购买也没有通过竞标的方式完成，而是

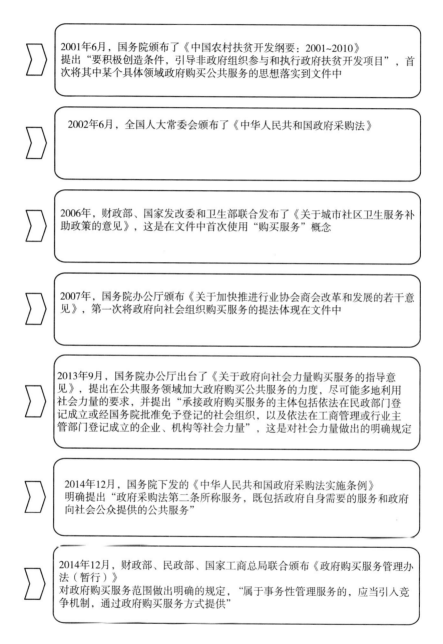

2001年6月，国务院颁布了《中国农村扶贫开发纲要：2001~2010》提出"要积极创造条件，引导非政府组织参与和执行政府扶贫开发项目"，首次将其中某个具体领域政府购买公共服务的思想落实到文件中

2002年6月，全国人大常委会颁布了《中华人民共和国政府采购法》

2006年，财政部、国家发改委和卫生部联合发布了《关于城市社区卫生服务补助政策的意见》，这是在文件中首次使用"购买服务"概念

2007年，国务院办公厅颁布《关于加快推进行业协会商会改革和发展的若干意见》，第一次将政府向社会组织购买服务的提法体现在文件中

2013年9月，国务院办公厅出台了《关于政府向社会力量购买服务的指导意见》，提出在公共服务领域加大政府购买公共服务的力度，尽可能多地利用社会力量的要求，并提出"承接政府购买服务的主体包括依法在民政部门登记成立或经国务院批准免予登记的社会组织，以及依法在工商管理或行业主管部门登记成立的企业、机构等社会力量"，这是对社会力量做出的明确规定

2014年12月，国务院下发的《中华人民共和国政府采购法实施条例》明确提出"政府采购法第二条所称服务，既包括政府自身需要的服务和政府向社会公众提供的公共服务"

2014年12月，财政部、民政部、国家工商总局联合颁布《政府购买服务管理办法（暂行）》对政府购买服务范围做出明确的规定，"属于事务性管理服务的，应当引入竞争机制，通过政府购买服务方式提供"

图2　我国颁布的相关政策导向

购买内容

政府向社会力量购买服务的内容为适合采取市场化方式提供、社会力量能够承担的公共服务，突出公共性和公益性。教育、就业、社保、医疗卫生、住房保障、文化体育及残疾人服务等基本公共服务领域，要逐步加大政府向社会力量购买服务的力度。非基本公共服务领域，要更多更好地发挥社会力量的作用，凡适合社会力量承担的，都可以通过委托、承包、采购等方式交给社会力量承担。对应当由政府直接提供、不适合社会力量承担的公共服务，以及属于政府职责范围的服务项目，政府不得向社会力量购买。各地区、各有关部门要按照有利于转变政府职能，有利于降低服务成本，有利于提升服务质量水平和资金效益的原则，在充分听取社会各界意见的基础上，研究制定政府向社会力量购买服务的指导性目录，明确政府购买的服务种类、性质和内容，并在总结试点经验基础上，及时进行动态调整

购买机制

各地要按照公开、公平、公正原则，建立健全政府向社会力量购买服务机制，及时、充分向社会公布购买的服务项目、内容以及对承接主体的要求和绩效评价标准等信息，建立健全项目申报、预算编制、组织采购、项目监管、绩效评价的规范化流程。购买工作应按照《政府采购法》的有关规定，采用公开招标、邀请招标、竞争性谈判、单一来源、询价等方式确定承接主体，严禁转包行为。购买主体要按照合同管理要求，与承接主体签订合同，明确所购买服务的范围、标的、数量、质量要求，以及服务期限、资金支付方式、权利义务和违约责任等，按照合同要求支付资金，并加强对服务提供全过程的跟踪监管和对服务成果的检查验收。承接主体要严格履行合同义务，按时完成服务项目任务，保证服务数量、质量和效果

资金管理

政府向社会力量购买服务所需资金在既有财政预算安排中统筹考虑。随着政府提供公共服务的发展所需增加的资金，应按照预算管理要求列入财政预算。要严格资金管理，确保公开、透明、规范、有效

绩效管理

购买主体与承接主体签订合同的同时，要加强对服务提供全过程的跟踪监管和对服务成果的检查验收。承接主体要严格履行合同义务，按时完成服务项目任务，保证服务数量、质量和效果

图3　关于政府向社会力量购买服务的核心政策导向

资料来源：国务院办公厅印发《关于政府向社会力量购买服务的指导意见》（国办发〔2013〕96号）。

通过指定、委托等方式完成购买行为。2005 年至今为竞争性购买阶段，这一阶段采用公开询价、招投标的方式，通过市场竞争来完成购买行为，政府和社会组织之间通过契约的方式建立合作关系。这种引入市场竞争机制的政府购买公共服务的方式，可以强化和提高公共服务质量和效率，从而降低成本，促进公共服务资源的优化配置。因此，政府购买服务方式正在逐渐走向科学化和规范化。同时，也有助于社会组织的健康有序发展。

1. 我国各地政府向社会组织购买公共服务发展历程

1995 年，上海市浦东新区以罗山市民会馆委托上海基督教青年会管理为契机，打破了过去政府全盘投入并参与管理的模式，开启了探索和研究政府向社会组织购买公共服务的新路径。此后，上海、广东、江苏、北京、四川和浙江等地纷纷探索并组织实施了政府向社会组织购买公共服务新试点，购买范围逐步扩大至医疗卫生、教育、计划生育、就业培训和社区服务等诸多领域（见表 1）。

表 1　我国政府向社会组织购买公共服务发展历程

阶段	典型案例		
	年份	地区	主要内容
1995~2002 年起步探索阶段	1995	上海市浦东新区	委托基督教青年会管理综合性的市民社区活动中心——罗山会馆
	1999	深圳市	环卫清扫工作外包
	2000	上海市卢湾区	民政局购买"居家养老服务"和"入住养老服务"
2003~2010 年试点推进阶段	2003	南京市鼓楼区	政府购买服务、社会组织运作的居家养老服务网
	2004	上海市	委托民办非企业单位开展社区矫正人员、"失学、失业、失管"社区青少年和药物滥用人员的相关社会服务工作
		佛山市南海区	狮山镇政府向辖区内民营医院购买公共卫生服务
		宁波市海曙区	向星光敬老院购买养老服务
	2005	国家层面	国务院扶贫办、江西省扶贫办、中国扶贫基金会和亚洲开发银行共同启动"非政府组织与政府合作实施村级扶贫规划试点"
		无锡市	在市政设施养护、污水处理等十多项公共事业领域实行政府购买服务

阶段	典型案例		
	年份	地区	主要内容
2003~2010 年试点推进阶段	2007	江西省	以公共卫生服务券及教育券的方式购买公共服务
		深圳市	培育社会工作机构,购买社工服务试点
	2009	国家层面	财政部批准国家彩票公益金向中国红十字基金会救助贫困家庭白血病儿童专项基金注资 5000 万元
		广东省	将三大类 17 项职能通过授权、委托及其他方式转移给社会组织
		天津市开发区	委托泰达公共服务中心依托社区提供政府公共服务和行使部分公共管理职能
		成都市	发布指导意见,探索建立政府购买社会组织服务制度
	2010	北京市	将社会组织公益行动纳入民生服务领域,投入 4277 万元安排 300 项政府购买服务项目
		杭州市	下发指导意见,向社会组织购买八大类服务
2011 年以后制度化推广阶段	2011	北京市	社工委发布《2011 年政府购买社会组织服务项目指南》
	2012	国家层面	3 月发布《中央财政支持社会组织参与社会服务项目公告》,11 月,民政部、财政部联合发布《关于政府购买社会工作服务的指导意见》
		广东省	出台《广东省推进政府向社会组织购买服务工作暂行办法》和《省级政府向社会组织购买服务目录》
	2013	北京市	计划安排 8000 万元市社会建设专项资金,向社会组织购买 500 个公共服务项目

资料来源:根据网络相关资料整理。

2. 各地方政府细化社会组织购买公共服务的领域范围

当前,我国尚没有统一规范的政府向社会组织购买公共服务的执行标准,各地政府发布地方性指导意见或者实施办法,并结合当地实际情况明确购买服务的领域和实施范围。以广东省为例,《政府向社会组织购买服务暂行办法》(粤府办〔2012〕48 号)将政府向社会组织购买服务的范围规定为:社会公共服务与管理事项和履行职责所需要的服务事项两大类,如表 2 所示。

表2　广东省政府向社会组织购买公共服务的范围

类别	购买事项
社会公共服务与管理事项	教育、卫生、文化、体育、公共交通、住房保障、社会保障、公共就业等领域适宜由社会组织承担的部分基本公共服务事项
	社区事务、养老助残、社会救助、法律援助、社工服务、社会福利、慈善救济、公益服务、人民调解、社区矫正、安置帮教和宣传培训等社会事务服务事项
	行业资格认定和准入审核、处理行业投诉等行业管理与协调事项
	科研、行业规划、行业调查、行业统计分析、社会审计与资产评估、检验、检疫、检测等技术服务事项
	按政府转移职能要求实行购买服务的其他事项
履行职责所需要的服务事项	法律服务、课题研究、政策（立法）调研、政策（立法）草拟、决策（立法）论证、监督评估、绩效评价、材料整理、会务服务等辅助性和技术性事务
	按政府转移职能要求实行购买服务的其他事项

资料来源：广东省人民政府办公厅发布《政府向社会组织购买服务暂行办法》（粤府办〔2012〕48号）。

北京市发布了《北京市人民政府办公厅关于政府向社会力量购买服务的实施意见》（京办发〔2014〕34号），每年会制作年度市级政府向社会力量购买服务的指导性目录，细化和明确了政府向社会组织购买服务的种类与范围。在此基础上，参照该目录北京市各区县制定各自相应的年度购买目录（见表3）。

表3　2016～2017年西城区政府向社会力量购买服务指导性目录

教育类	1. 教育资源数字化制作及传播 2. 教育评估监测 3. 校园安全保障 4. 学生竞赛活动组织和实施 5. 全民终身教育服务 6. 教育基础设施管理与维护
医疗卫生及计划生育类	7. 公共卫生知识普及推广服务 8. 公益性健康检查 9. 重大疾病预防控制辅助性服务 10. 灾害事故紧急医学救援辅助服务 11. 公共医疗卫生成果推广应用 12. 卫生人才培养 13. 突发公共事件卫生应急处置辅助性服务 14. 育龄夫妇计生、优生技术服务 15. 计生、优生、生殖健康等科普宣传教育和咨询服务

续表

	16. 失智失能老人养老服务
社会保障类	17. 老年人精神关怀
	18. 居家养老助残服务
	19. 养老服务机构和托老所"全托型"床位
	20. 养老机构管理服务人员培训
	21. 流浪乞讨人员救助服务
	22. 未成年人社会保护
	23. 残疾人康复
	24. 残疾人就业指导
	25. 残疾人职业技能培训
	26. 残疾青少年的特殊教育和融合教育
	27. 孤寡残疾人家庭个性化服务
	28. 防灾减灾应急救助宣传培训
	29. 社会救助组织与实施辅助性工作
	30. 社会福利设施管理与维护
	31. 婚姻登记业务咨询和婚姻家庭辅助服务
	32. 优抚安置设施维护
文化类	33. 公共文化设施运营维护
	34. 公益性文化活动组织实施
	35. 非物质文化遗产保护与传播
	36. 公益性原创剧创作及展演
体育类	37. 体育基础设施管理与维护
	38. 公益性竞赛、体育活动组织实施
	39. 全民健身指导
	40. 国民体质测试与指导
市政市容城建类	41. 城市棚户区改造服务
	42. 国有土地上房屋征收服务
环境保护类	43. 辅助性监测设施维护
	44. 放射性废物处置设施运行管理
	45. 环保宣传
社会事务类	46. 法律援助及公益性法律咨询
	47. 人民调解
	48. 普法服务
	49. 公众热线服务
人才就业服务类	50. 公益性就业及创业指导
	51. 公益性招聘
	52. 档案托管服务辅助性工作
	53. 职业技能鉴定

政府辅助性服务类	54. 资产、绩效评价及其他评估服务 55. 调查统计 56. 研究分析、规划 57. 审计检查 58. 会计服务 59. 法律服务 60. 宣传推广 61. 策划服务及活动组织服务 62. 咨询服务 63. 培训服务 64. 会议服务 65. 印刷服务 66. 保险服务 67. 社会服务 68. 食堂服务 69. 信息化运行维护服务 70. 计算机设备维修和保养服务 71. 办公设备维修和保养服务 72. 物业管理服务 73. 办公设备租赁服务 74. 展厅讲解

资料来源:《西城区 2016~2017 年政府向社会力量购买服务指导性目录》。

三 政府向社会组织购买服务的现实状况
——以月坛街道购买养老服务为例

(一)相关背景

1. 北京市西城区政府鼓励街道积极培育社会组织

北京市西城区政府先后出台了《关于进一步加强和改进社区社会组织工作的意见》《关于确定具备承接政府职能转移和购买服务条件的社会组织指导意见》《关于专业社工助推社区社会组织发展 1 + 1 助推行动实施方案的通知》等政策文件,利用社会建设资金以项目运作方式培育一批有典型

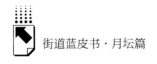

示范作用的社区社会组织，将助推工作纳入街道考核内容，指导街道制定特点突出、切实可行的助推工程规划，并积极协调街道设立社会组织建设发展专项资金。

2. 街道辖区居民对养老服务的迫切需求

月坛街道辖区人口中60岁以上的老年人约占居民总数的20%，人口老龄化严重，已提前达到国际人口老龄化的标准。离退休人口中，干部居多，收入水平和受教育程度较高，月坛街道老年人的受教育程度大大高于全国和北京市的平均水平，对养老服务的需求较为迫切且对服务水平要求也较高。

3. 政府整合社会资源，推行居家养老

依据北京市第十四届人民代表大会第三次会议表决通过的《北京市居家养老服务条例》（北京市人民代表大会公告〔2015〕4号）要求，乡镇人民政府和街道办事处负责具体组织实施居家养老服务工作，并整合现有的社会资源，搭建社区养老服务平台，引导、培育社会力量完善社区服务网点，运用信息网络服务平台开展健康咨询、物品代购、服务缴费等适合老年人的服务，为老人提供需求对接，进一步满足老人的生活需求，提高其生活质量，探索居家养老服务新体系。

（二）月坛街道养老服务购买情况

1. 购买主体

政府向社会组织购买公共服务主要涉及三方面的主体：一是购买者，二是承接着，三是使用者。购买者如西城区月坛街道办事处；承接者如玖久缘文化养老中心、月坛老年协会；使用者如社区居民。

2. 购买服务内容

目前，街道向社会组织购买的公共服务主要包括：适合老年人的社交活动、文体娱乐活动、图书阅览、教育培训活动等。进一步了解老年人的生活状况和服务需求并及时反馈给社区，从而参与社区为老服务工作的决策与监督。发掘社区可用的人才资源，鼓励低龄老人向高龄老人提供帮助，开展"抱团取暖"式志愿服务，并参与组织助餐、助洁、助急、助行、助医和互助关怀等居家养老服务等。

3. 购买方式

当前，街道购买的社会组织服务，其主要采用项目申请制的购买方式和合同外包的方式。整体运作过程为：首先，由月坛街道围绕居民需求进行需求调研和征集；其次，对项目内容、申请的原则、项目运行管理的要求、经费管理、监督与验收等内容进行规定，公开征集相应的项目；再次，社会组织提出项目申请，经过评审，确定立项；复次，月坛街道与老年协会签订合同，明确服务期限、服务内容、拨款金额和时间、违约责任等；最后，街道建设为老服务监管评估系统，由街道相关科室定期对相关社会组织进行业务指导，并建立监管评估系统。因此，街道有计划、有步骤地对执行过程、结果进行评估和监管，确保为老服务工作能够高效、有序、健康和规范化运转。专业性社会组织的资质要求见表4。

4. 如何选择社会组织——孵化本土性与选择专业性相结合

参照政府采购目录，目录内200万元、目录外50万元以上的项目才需要招标，而街道向社会力量购买服务的资金量一般都不大，所以一般采取定向购买或竞争性谈判的方式来选择社会组织。此外，按照西城区政府的要求，街道要积极孵化培育社会组织，月坛街道为了积极培育社会组织，把优先购买本街道的社会组织作为培育社会组织的重要途径，如由月坛老年协会主要承担老年社区文化休育类等活动开展。而对于购买专业性为老服务，月坛街道优先选择资质优和专业性较强的社会组织承接相关服务，如通过购买服务，委托玖久缘文化养老中心建立"爱心助老天使"激励机制，定期为为老服务志愿者进行业务培训，安排专家讲座，组织交流座谈等活动，查找和解决在服务过程中出现的难点及问题；对优秀志愿者设立奖金，并免费开展包括技能提升专业培训，实地考察调研等活动；开展明星"天使"评选，弘扬志愿精神。

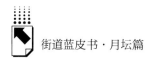

表4 专业性社会组织的资质要求

社会组织资质	（一）依法设立，具有独立承担民事责任的能力
	（二）治理结构健全，内部管理和监督制度完善
	（三）具有独立、健全的财务管理、会计核算和资产管理制度
	（四）具备提供服务所必需的设施、人员和专业技术能力
	（五）无重大违法记录，近三年内年检合格，成立未满三年的机构应保证自成立之日起至申报项目之日年检合格
	（六）有在北京市西城区承接同类项目的经验

5. 如何定价

街道每年根据居民实际需求，制定相应的购买服务的年度预算。在寻找项目承接方的时候，无论是定向购买，还是竞争性谈判，会要求承接单位提供预算明细。在有可借鉴标准的时候，如购买培训服务，就可以参照《北京市市级党政机关事业单位培训费管理办法》（京财预〔2017〕1389号）进行定价；如果没有可参照的具体标准，可对比市场上同类服务价格定价。

6. 资金来源——财政资金为主，资源置换为辅

街道将年度购买社会组织计划的金额列入财政预算。此外，部分服务内容是市区统一要求并有资金支持的，也会根据项目情况，申请市区专项经费。此外，月坛街道每年从社区公益经费中抽出60%～70%用于支持和扶持社会组织，街道各职能部门用于地区社会组织培育扶持资金累计超过100万元。月坛街道在此方面的另一创新之处在于，创新了"以空间换服务"的模式，为地区社会组织提供办公场所，并成立社会组织服务楼项目办公室，用来培育和扶持社会组织的成立与发展。与此同时，成立了物业中心和财务中心等独立运行机构，聘请专业人员为社会组织免费提供服务，主要包括水、电、暖气等日常工作，专业账目设立和事务所注册等事项。

7. 绩效管理

一方面，街道依据国家和市区有关法律法规，结合街道情况，起草制定

了《月坛街道养老服务管理办法》，对养老服务商准入标准、服务质量监测体系和服务商奖惩、居民违约管理办法等做出规定。建立服务规范和标准、服务过程管理与效果追踪评估制度和群众监督制度等。另一方面，街道成立了街道枢纽型社会组织，由枢纽型社会组织建设协会为各类社会组织的业务活动给予指导和支持，并对政府购买服务的所有项目进行第三方绩效评估。

（三）取得的成效

1. 提升了养老服务质量

月坛街道将制度设计和服务体系建设与运营的职责进行分离，通过购买社会组织服务，将社会力量作为整个服务体系的核心，推动了居家养老公共服务体系的进一步完善。玖久缘文化养老中心、月坛老年协会等街道级社会组织在文化养老中发挥了至关重要的作用，为辖区老年人提供了多元化服务。

2. 促进了社会组织的发展

月坛街道不断加大向社会组织购买服务的力度，将一部分专业性较强的服务项目交给更加擅长的社会组织来做，以项目购买的方式让社会组织和专业性的社会机构来承接服务。通过项目促进发展，提高社会组织的服务质量和服务能力，逐步形成"小政府、大社会"的服务格局。

3. 激发了社会活力

社会组织是与政府、企业并存的社会基本构成单元，是调整利益、化解矛盾的润滑剂、稀释剂，是加快社会转型可持续发展的催化剂、助推器，月坛街道以居家养老为社区治理重要切入点，积极与社会组织展开合作互动，通过社会组织的发展带动社会自我管理、自我服务能力的提升。同时，社会组织的社会管理服务具有低成本、高效率、专业性和可选择等优势，社区居民能得到的服务自然也变得越来越丰富。实践证明，在提供高质量和高效率的公共服务等方面，政府不能大包大揽，要鼓励和引导各类社会组织积极主动参与其中，让群众满意。

四 政府购买社会组织公共服务的现实困境

（一）资金尚未全部纳入财政预算

目前，政府购买社会组织公共服务的资金尚未全部纳入公共财政体制，资金渠道多，包括福利公益金、社会建设专项资助金等，但在街道实际操作过程中，往往能够使用的较少，未纳入政府财政预算的资金使用往往不规范、不稳定，指导性不强。

（二）政府采取竞争性购买社会组织服务不足

究其原因，主要是我国社会组织发育不完善，社会组织规模小、承接能力弱、专业性不强导致的，可供政府购买时选择的社会组织数量少、缺乏对比。此外，一方面，社会组织本土化发展倾向严重，本土社会组织由于了解本地政策和市场需求，容易在政府购买社会组织公共服务时获得信任，具有先天的优势。另一方面，社会组织和政府间依存度高，政府往往根据和社会组织关系的远近来选择社会组织，使得具有政府背景的社会组织更有可能成为政府购买服务时的选择对象，这都为隐性购买和非竞争性购买提供了合理的理由。

（三）缺乏系统的政策和制度支持体系

一是在法律层面，依据的是《中华人民共和国政府采购法》，不过其对于采购的范围描述并没有将公共服务纳入其中，关于购买的客体也没有涉及社会组织。地方政府虽然都根据自身情况出台了相关的规范文件，但是仍然缺乏法律支撑，仅能依靠政策文件来推进工作。二是政府购买社会组织服务的系统化、规范化、制度化的操作办法还没有形成。北京在市级层面和区级层面虽然出台了部分规定，但到了街道层面就缺乏具体相应的指导性政策文件。

（四）监督和评价体系有待完善

由于缺乏法律和制度建设的系统化和规范化作为支撑，政府向社会组织购买公共服务的程序规范化和透明化程度较低，缺乏有效的社会监督。由于公共服务具有难以度量的特性，致使政府在评价与监督社会组织所提供的公共服务方面是存在困难的，政府很难建立科学规范的购买社会组织公共服务的效率评价体系和效果评价体系。与此同时，基层政府一双手担负着培育社会组织，另一双手又行使着监督评价社会组织的责任，与培育相比较就使得监督评价工作略显动力不足。

五　完善政府购买社会组织公共服务的意见和建议

（一）采取多种购买方式

政府在购买公共服务时，应当考虑以下几个方面因素来选择具体的购买方式。包括政府的管理目标、法律法规的界定标准、资金供给情况、公共服务特征和居民的需求等。当通过市场化模式提供公共服务时，则可以考虑采用合同外包的方式。对于合同外包方式，由政府部门会同财政部门，通过公共信息平台将政府购买公共服务事项和具体要求发布到网上，通过招标的方式来确定服务供应方。对于市场条件不允许的事项，可以通过除招标形式以外的其他法律允许的方式进行购买。对于政府需要的特定类型公共服务，政府可以通过补贴的方式，鼓励社会组织从事该项服务，保障服务项目的高质高效。对于个性化需求较强的服务项目，可以采取凭单制的方式满足不同个体的个性化服务需求。一个项目可以同时采用多种方式来购买，例如居家养老，可以采取合同外包、补助、凭单相结合的方式进行购买。

（二）建立统一的政府购买服务平台

从规范化的角度考虑，各级政府可以搭建规范统一的政府购买服务平

台，将购买公共服务的数据、内容等相关信息统一纳入这个平台，从而确保购买服务的制度化和法制化建设，便于披露购买信息和统一监管，保障资金使用效率和服务效果，满足公众对公共服务的需求。

（三）完善公共财政预算

一方面可以建立政府向社会组织购买服务的专项财政预算。过去政府购买服务具有随机性，需要建立财政预算机制，将公共财政支持社会组织的培育和发展列入年度财政预算，充分实现政府购买服务的制度化建设。也可以由购买服务的单位或部门在年度预算中申报购买服务的项目预算，由财政部门审核安排。另一方面需要完善使用公益金和财政资金的使用界限及衔接机制。将用于购买服务的公益金定位于"种子基金"，主要用于新的社会服务项目的培育和扶持，当项目成熟后将其纳入财政预算支付体系，并明确公益金和财政资金衔接的具体程序和责任划分。

（四）建立监管评估制度

1. 建立多元、公正、科学的评估制度体系

建立多元主体的评估机制。除了政府购买主体对社会组织服务情况的评估外，还有引入第三方评估机构对其实施专业化的评估。并将事前、事中、事后评估相结合。事前，根据购买需求，对社会组织的资质进行评估，确定购买项目及服务提供单位；事中，采用政府部门抽查、享受服务的居民反馈意见和社会公众监督以及服务组织自律性评估相结合等方式进行评估，来确保社会组织能够按照协议规定及行业规章制度进行运作；事后，根据合同要求及评估标准对购买的服务事项进行专业评估。

2. 建立信息公开制度

制定并出台政府购买公共服务的信息公开制度，以便扩大信息公开范围。与此同时，将购买服务项目的标准、预算、服务内容、资金使用情况、人员配置等信息公开，让公众充分了解服务项目的情况，使居民行使其知情权和选择权。建立信息公开形式多样化体系，创新多种信息公开方式，

例如搭建网络交流平台、举办听证会和论证会、交流会、信息发布会等多种形式。

（五）深化配套改革措施

1. 深化社会组织登记管理制度改革

目前，除法律法规和政策文件规定外，工商经济、公益慈善和社会福利类的社会组织以及社区社会组织的业务主管单位均可改为业务指导单位。实施社区社会组织备案制度，将未达到登记条件的各类社区社会组织纳入备案范围，一经备案即合法成立，不具有法人资格。

2. 深化社会福利管理体制改革

打破过去单一的社会部门或个别主体来承担、推行的零散格局，对不同组织机构、不同类型的资源进行整合，通过政策和行政对社会福利进行统筹安排和管理，共同构成一个社会福利的大系统。首先可以考虑建立跨部门的福利政策协调机制，建立统一的社会福利管理平台，加强部门间的沟通和协作，使其日常化、规范化、制度化。

3. 深化行政指导管理制度

尽可能采用非强制性的行政指导来引导社会组织重视内部制度建设，制定社会组织自律与诚信建设评估指标体系和建立诚信档案，将社会组织的治理、财务等各项制度建设作为政府向社会组织购买公共服务的一个资格条件和评价指标，通过激励性手段引导其内部制度建设逐步走向规范。

参考文献

许源：《政府购买社会组织服务定价机制研究》，《学会》2015 年第 7 期。

徐家良、赵挺：《政府购买公共服务评估机制研究》，《政治学研究》2013 年第 5 期。

周俊：《政府如何选择购买方式和购买对象？——购买社会组织服务中的政府选择研究》，《中共浙江省委党校学报》2014 年第 2 期。

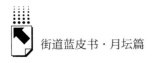

胡薇：《政府购买社会组织服务的理论逻辑与制度现实》，《经济社会体制比较》2012 年第 6 期。

何翔舟：《政府购买公共服务研究：问题与主题》，《浙江工商大学学报》2014 年第 5 期。

林亚芬：《政府购买社会组织服务的作用、困境和对策》，《青岛农业大学学报》（社会科学版）2013 年第 3 期。

孙浩、徐文余：《社会组织承接公共服务效能评价指标体系的构建》，《统计与决策》2017 年第 10 期。

B.5
区域化党建推动城市社区
治理创新的研究

——以月坛街道"1＋N"区域化党建为例

摘　要：　随着改革开放的深入，我国经济社会发生深刻变革，与单位制党建所契合的"单位社会"形态逐渐解构，面对日益多元、开放的社会结构，党的基层工作也面临全新的形势和挑战。为适应新时期社会环境的变化，中国共产党探索提出了区域化党建模式。区域化党建与社区治理间都有着内聚性、社会参与性和结构扁平化的运作机制。同时，面对维护社会稳定和社会管理服务的压力及巩固党的执政基础的需要，两者在目标上是一致的。本报告从区域化党建的产生逻辑和理论内涵、社区治理的理论和发展形势提供分析的视角，并结合月坛街道实施区域化党建推动街道社区建设发展，重点围绕治理主体多元、制度设计、运行机制和方式载体等进行分析，提出可行性对策。

关键词：　月坛街道　区域化党建　社区治理　党建联合会　制度创新

一　区域化党建的内生逻辑和理论内涵

（一）政党适应性下区域化党建的生成逻辑

1. 单位制党建的产生和理论内涵

要理解区域化党建，首先必须追溯单位制党建的历史，在此基础上从时

间的演进上来纵观随着社会发展，党建发生的变化。

我国革命时期是以"支部建在连上"为原则的传统党建。这种高度重视基层党组织建设和具有一定军队组织属性的党建原则，为革命战争时期提供了坚实而有力的组织保障系统。新中国成立后，中国共产党就将这种原则运用于重建社会秩序的过程中。加之当时社会资源贫乏，国家通过高度集中的组织管理体制来进行资源分配，并取得了一定的成功经验，形成了"单位社会"这一特殊社会形态，即所有个人都隶属于一定的社会组织。在此基础上，为了更进一步谋求社会整合，进一步强化和巩固党的领导核心地位，所有的社会组织都以党组织为领导核心，组织的社会特性被政党的特性所替代，就是中国共产党把"支部建在连上"这种党建方式在"单位社会"中的一种植入表现。综上所述，单位制党建实际上就是中国共产党将"支部建在连上"的党建原则和模式运用于"单位社会"这一特殊社会形态中的基层党建模式。单位制党建理论内涵的三个方面见图1。

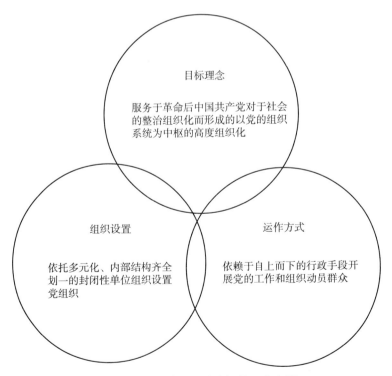

图1 单位制党建理论内涵的三个方面

2. "单位社会"变迁对单位制党建的冲击

"单位社会"是针对中国刚刚结束战乱、新中国成立后仍处于一盘散沙的社会格局，为了巩固新生政权、建立统一的社会秩序并便于社会资源的扩充与集中分配而形成的特有的社会组织化的方式。

但是，"单位社会"其自身的局限性并不能为中国的现代化发展提供源源不断的生命力和创造力，注定只能起过渡作用。随着1978年改革开放的开始，社会从"单位社会"的刚性和僵化中挣脱束缚，释放社会的能动性和个人的自主性。社会空间和社会结构发生了深刻变革，由原本传统的单一、封闭的社会形态逐渐向开放、多元、协作的现代社会形态转变，大量的新经济组织、社会组织的出现以及单位开始转制，对单位制党建也带来了挑战和冲击（见图2）。

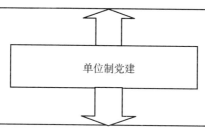

图2 "单位社会"变迁对单位制党建冲击的表现

3. 单位制党建的不适应性

"单位社会"的变迁对单位制党建产生影响，导致的不适应具体表现在

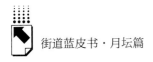

以下几个方面。

一是组织"离散化"。随着社会变迁，社会异质化趋势明显，逐步出现大量横向的扁平的社会关系形式。基层党组织发展逐渐变得不均衡。面对新生社会空间，基层党组织建设基于"支部建在连上"这一传统党建模式，逐步向不同性质的组织形态和社会空间嵌入式发展，形成了机关党组织、公有制企业党组织、事业单位党组织、社区党组织、农村党组织和"两新党组织"等基层党组织。这些基层党组织的资源控制力也存在明显的差距，原本基于单位组织一元化和同质性，执政党对原有纵向垂直的资源可控性发生了深刻改变，执政党的内部聚合能力下降，基层党组织间缺乏横向的互动交流和资源共享整合，资源变得固化封闭。

二是组织"悬浮化"。在单位制党建模式下，建立在全能志愿分配的控制权上，执政党对社会有很强的整合性。随着"单位社会"的变迁，权利、地位发生了变化，没有行政隶属关系的社会空间不再受控制。与此同时，也削弱了执政党自上而下对基层党组织和党员的驱动力。这两个方面的因素在一定程度上影响了党的基层组织与社会间联系的广度和深度，也可以说发现一种"脱离群众"的不良现象。这将意味着以党的组织系统为国家权力中枢，对社会生活的介入形成的人为的团结出现了解体，社会形态日益呈现"碎片化"，这将严重影响党执政的社会基础。

4. 区域化党建的适应性和理论内涵

综上所述，随着与单位制党建所契合的"单位社会"形态的逐渐解构，单位制党建将不再适应于新的社会形态，面对由此带来的执政风险和社会风险，为克服党的基层组织"离散化"和"悬浮化"的不良现象，构筑"有机团结"的社会，进一步巩固执政基础，适应新时期社会环境的变化，中国共产党探索提出了区域化党建模式。从单位制党建到区域化党建，是中国共产党保持协调性和灵活性的重要表现。

相较于单位制党建，区域化党建是中国共产党基层党建的新模式。早在2004年，中共中央组织部就提出区域化党建的概念，强调要立足于地方，以区域为板块，运用信息技术和现代管理方式开展党组织建设，统一管理党员队伍，形成以街道党工委为核心、社区党组织为基础、辖区其他基层党组织为结点的网络化体系。习近平总书记多次在关于社会治理问题上的重要讲话中强调"互联互通""党建融合"。"通""融"均在区域里，在小区里。区域化党建一定是以区域为支撑，区域范围内的各类党组织及党员参与党组织建设和活动等。与以往的单位制党建不同，这是一种开放式、网络式、多元化整合性特点比较明显的党建形式（见表1）。

表1　区域化党建与单位制党建比较

比较维度 党建模式	目标理念	组织设置	运作方式
单位制党建	机械团结	封闭性	行政化
区域化党建	有机团结	开放性	多样化

5. 推进区域化党建的四个着力点

可以从以下四个方面进一步推进区域化党建工作。第一，以区域整合为基础，建立多维度、全面覆盖的工作体系，形成多元主体共同参与的党建格局。第二，以区域服务为导向，创建社会公共事业服务平台，实现扁平化的社会管理模式，推进城市管理精细化。第三，以区域文化为动力，增强社区居民的归属感，打造社区共同体。第四，以区域共治为目标，构建区域共治共享格局，推进区域党建工作规范化。

（二）基层党建生态环境转换背景下，城市基层区域化党建的整合功能

1. 政党内部整合

区域化党建的主要功能中居首位的就是实现基层党组织内部的整合。破解了基层党组织机构、资源碎片化和弥散化的问题。随着社会转型，原来依托行政，竖向整合的封闭式基层党组织结构逐渐碎片化。城市基层区域化党组织破解了行政化型党组织、非行政化型党组织、"两新"党组织、社区党组织间相互隔离，单位党员、社区党员、在职党员和离退休党员等之间难以协调的困境。区域化党建通过以街道大工委、社区大党委等为支点，在一

定的区域内形成区域党组织的网络体系，实现了垂直管理和横向协作的有机结合。将一定区域内的不同隶属关系和级别的党组织及其党员统一整合，纳入其中，形成互动融合的统一集体的组织基础。与此同时，整合了基层党组织分散的资源，通过区域化党建解决"体制内"基层党组织资源分割以及"体制外"基层党组织资源稀缺导致的生存困难，从而实现基层政党内部聚合。

2. 社区社会整合

"单位制社会"解体后，在"单位人"向"社会人"转变过程中，大量的社会人回归社区。基层党组织作为党员的组织载体和执政党的神经末梢，基层党组织建设成为一个重要的支撑点，扮演着"整合中心"的作用，不仅是政府和社会之间的纽带，更是国家和政府延伸到家家户户的桥梁，具有其他组织无可比拟的优越性。有利于打破群体利益碎片化、社区自治零碎化的困境。随着体制改革，社会阶层不断分化，市场经济日渐活跃，随之而来的是利益主体多元、利益分化和群体价值体系的碎片化，业主、物业公司、居委会、困难群体等多方利益主体在社区内博弈，社区自治也呈现无序化的状态。城市基层区域化党建作为政党治理体制现代化的重要选择，成为解决社区社会碎片化问题的重大现实责任，基层党组织也由行政管理向嵌入式服务转变，从垂直领导向协商民主转变，重构社会共同体。

3. 基层行政整合

有学者认为政党作为国家和社会的中介，除获得民众支持外，其在对政府运作施加有效影响方面还发挥着重要的作用，具有重要的价值。政党对国家（政府）体制架构和运行机制有特殊的意义，其组织系统和政府行政系统在结构上是相协调的，在功能上是耦合的，党建体制的改革和创新必然会导致政府体制变革，宏观层面如此，基层更是如此。我国政府行政管理金字塔式的管理结构，仍然保留着计划经济的缩影，便于中央统一调配资源进行管理。随着改革开放的不断深化，虽然社区建设在逐步填补单位制解体后的"管理真空"，但是条块分割的传统体制依然存在对原有体制的惯性依赖。

这种条条分散、排他性的行政管理模式，造成了很多的行政内耗，信息不对称、权责模糊等，使得部门间互相争利、推诿扯皮。只有在政党的领导下推进行政整合，才能破解基层管理体制的"合作困境"，需要通过区域化党建来推动实现基层党建和基层管理区域协作的良性互动，实现基层政党治理、基层社会管理和基层公共服务的协作化。

城市基层区域化党建的组织主体见图3。

街道社区范围内的区域化党建以街道党工委为核心，统筹区域内各类组织和公民来实现区域内资源整合，共同发展。依据"核心—边缘"理论分类，区域化党建的责任主体是街道党工委，中间是驻区单位党组织，边缘则是居民区党组织。虽然在参与程度上，各类组织和公民有所差异，但是区域化党建工作的开展需要这些组织的相互配合才能发挥区域化党建在社区治理中的引领作用。街道党工委是区域化党建最主要的参与主体，是区域化党建工作的领导者。它作为区委派出机关，根据区委的授权，坚持条块结合、以块为主，总揽全局、协调各方，面向社区、共治自治的原则，全面负责区域内社会性、群众性、公益性工作。它是社区治理的领导核心，下设社区党委和行政组织党组，负责展开具体党建工作

驻区机关单位党组织，是社区党组织的重要部分，组织化程度最高，一直处于条线管理体制之下，对区域化党建工作的政治觉悟和行动力最高。由于其自身的党组织级别，很多驻区机关单位党组织的级别高于街道党工委，在接受街道党工委领导区域化党建工作时，也会出现不服从指令，或者自行更改内容方法等情况。驻区单位是社区治理的重要力量，也是党建工作最主要的参与者。驻区单位拥有各种资源，包括场地、设施、资金、人才等，而且驻区单位具有比居民更强的组织性。由于社区自身资源有限，就需要驻区单位的积极配合、支持，各地政府部门多次强调驻区单位要与社区进行同创共建活动，街道党工委要积极推动驻区单位参与社区治理工作。驻区单位应该认识共同发展、同创共建、承担责任是驻区单位的义务，"驻区单位参与社区治理可以提升驻区单位影响力，增加社区成员对驻区单位的社会认同将有助于驻区单位获得更高的经济和社会效益"

居民是一个社区得以存在和发展的基础，社区的发展和建设离不开居民参与。居民需要在社区中以共同的目标为出发点而自觉自愿地参与社区公共事务和公益事业，居民是区域化党建的最直接的参与者和接收者。居民区党组织的存在就是为了集结区域内的党员居民，以个人党员的名义参与到区域化党建工作中来。居民区党组织是区域内覆盖面最广的党组织，面向社区党员和居民，人数最多，也最为直接。区域化党建工作的重要目的之一就是促进社区发展，巩固基层执政基础，居民区党组织是这一任务的直接执行者，必然要求其发挥调动作用，引导居民区党员和居民参与到区域化党建工作中

图3　城市基层区域化党建的组织主体

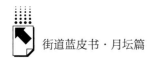

二 社区治理视域下的区域化党建

（一）社区治理的相关理论

1. 治理

治理（Governance），从新公共管理学的角度来看，治理是与统治相对而言的。治理强调政党组织与非政府组织等各类社会组织、个人对于公共事务进行协商、合作管理的互动过程，重视网络社会各种组织之间的平等对话的系统合作关系。治理是一种持续互动的过程。

2. 社区治理

所谓"社区治理"，是治理理论在社区建设当中的实际应用，是指对社区内公共事务进行治理。社区治理是基于市场原则、公共利益和社区认同，以法律法规、社区公约等为依据，基层政府、社区居民、非政府组织之间协调合作，对涉及社区共同利益的公共事务进行有效管理，进而增强社区凝聚力和向心力，满足社区居民需求，推动社区发展进步的过程和机制。

3. 我国社区治理的主体及关系

结合城市社区的社会结构和政治结构，我国的社区治理主体包括政府和政党、社区自治组织、社区居民、营利企业。社区治理强调多元主体之间的互动、协调与合作。其中，党组织和基层政府作为完全官方性组织，居委会属于半官方性半自治性组织，从党组织—居委会—政府组织（街道）的三者关系看，纵向的领导关系上，在组织层面和政府层面，党组织依靠其组织体系发挥核心领导作用。因此，我国的社区治理基本形成了"党组织领导、政府行政介入、社区组织自治、企业组织支持、社区公民参与"的治理格局。

（二）社区治理面临的形势需要加强区域化党建

1. 维护社会稳定和完善社会管理服务

城市扩张、工业发展、征地拆迁、就业安置、旧城改造等带来了一系列社会矛盾。随着互联网的发展，出现了一批"宅男""宅女"，有一部分在互联网中还充当网络"意见领袖"。此外，还有境外非法组织等对我党进行渗透和破坏。作为各类人群聚集、城市生活基本单元的社区，对于维护城市稳定、构建和谐社区任务艰巨。当今社会快速发展，城镇化步伐加快，城市外来人口不断增加，社会阶层不断分化，大中型城市中贫富差距逐渐增大，大量的低收入人群、待岗大学生等都聚集在城市中，社会管理和公共服务的难度越来越大。与此同时，随着城市管理重心的不断下移，城市管理和服务的任务日益繁重。要将不同的居民群体、新生的经济组织和社会组织聚集起来，围绕公共利益诉求和公共事务进行民主协商管理，只有通过加强街道社区党建工作，才能发挥政党对社会的统领作用。区域化党建是现实路径选择。

2. 巩固党在基层的执政基础

城市街道社区党建是巩固党的执政基础的客观需要。然而，社区党建在现实中往往推进难度大，其根本原因是社区的自治属性使得社区难以对其他组织和个人具有刚性的约束力，人们对社区约束力的认知程度还较低，社区党组织的领导核心作用难以有效发挥。传统党建通过较为集中的行政手段等对党员和群众的号召和组织能力较强，而社区中，基于社区内的"平等性"，社区群众、单位和组织各自独立、封闭，尤其是辖区单位往往拥有丰富的资源，但在资源共享、共筑共建上缺乏积极性和主动性，社区统筹整合辖区资源等能力和手段就显得较为乏力。此外，传统党建模式下，党建对象"同质化"现象突出，党建手段往往非常单一。而如今的党建工作对象价值观和利益诉求多元，传统单一的党建模式和工作方式已无法适应并难以为继，如何协调各类工作对象的关系，找准利益各方的关注点，成为现阶段社区党建的瓶颈。推进区域化街道社区党建成为破解以上诸多难题的重要手段和途径。

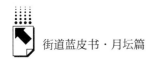

三 月坛街道"1+N"区域化党建引领
社区治理创新的探索

（一）月坛推进区域化党建的工作基础

1. 辖区中央单位聚集

月坛街道是西城区 15 个行政区域之一，共有 26 个社区，辖区以国家机关政务办公区和居住区为主，是建成时间较长、基础设施完善、人员素质较高的智力密集型街区。辖区拥有丰富的驻区单位资源，辖区内中央单位多。月坛是中央国家机关政务办公集中区，副部级以上的中央单位有国家发改委、财政部等 23 个。同时，国家部委工作人员住宅区较多。居民文化素质高，地区内有 5000 多名离退休干部，大专以上学历的人口数量占总人口数的 50%，是北京市学历较高的地区之一。与此同时，人口老龄化严重，辖区人口中 60 岁以上的老年人约占居民总数的 20%，已提前达到国际人口老龄化的标准。辖区单位有服务其退休员工的意愿。由于辖区机关单位众多，中央单位的人才智力密集和熟悉宏观政策的优势，行政化整合资源的能力较强，对于构建全民共建共享的社会治理格局、提供更多更好的公共服务、满足居民多元化的需求来说，是非常重要的力量。

2. 区域一体化工作格局已初步形成

月坛街道作为西城区大部制改革试点街道，率先创新街道管理体制，探索大部制改革。面对街道工作日益复杂、社会需求日益多元的趋势，高度重视区域资源整合的重要性，在大部制改革的过程中，不断完善区域化发展理念，建立了八大中心：党群工作中心、综合指挥保障中心、纪检监察中心、综治维稳中心、城市管理中心、社会建设与社会动员中心、社会保障中心、社区服务与老龄事务中心。以整合党建资源、行政资源和社会资源为根本着力点，凝聚各方力量，进一步健全组织体系和工作机制，形成了街道领导、中心牵头、部门联动、多方参与、齐抓共管的区域一体化工作格局，促进了月坛地区全面发展。

（二）月坛街道"1＋N"区域化党建组织体系和服务体系建设情况

月坛街道立足中央政务办公区这一功能定位，推进"两学一做"常态化、制度化，围绕和践行"红墙意识"，秉持服务立区、共促发展的理念，把驻区中央单位作为重要的服务对象，着力提高社会管理和公共服务水平，主动创造良好的发展环境。同时，把驻区中央单位作为重要的发展力量，不断完善区域共建机制，动员中央单位为地区居民服务，凝聚区域发展的强大合力。月坛街道构建了以党组织为核心的全覆盖、多层次、区域化组织管理体系，采取"1＋N"（"1"是月坛地区党建联合会，"N"是辖区内党组织）区域化党建模式。月坛地区党建联合会由月坛街道党工委发起，成员主要为国家发改委、财政部、国家统计局等国务院所属部门及市属机关企事业单位、部队、"两新组织"、社区等党组织负责人。启动仪式上，召开了由各会员单位代表及联络员、社区及职能站所代表等80人出席的第一次全体会议。会议讨论通过了《月坛党建联合会章程》，选举产生了组织机构，确立了工作任务等，并给会员单位颁发了会员牌。月坛地区党建联合会正式成立，这一组织以西城区月坛街道工委为核心，突破了组织隶属关系的束缚，加强基层党建引领推动社会服务管理创新，从党的工作角度推进行政工作、社会工作。月坛党建联合会是月坛区域内党组织之间的协商议事机构，以"共驻共建、互助互赢"为原则，以"组织全覆盖、服务全响应"为目标，构建"携手聚力，和谐发展"的区域化党建格局。同时，在26个社区都建立了"席位制"大党委为主体的联合会分会，吸纳驻区单位党组织负责人参与社区建设。在每个社区推行楼门党建，将楼门作为组织建制的最小组织，打通党建工作向社会延伸的"毛细血管"。通过健全完善组织领导架构，提高了街道党组织领导统筹协调和服务群众的能力，实现了区域内党组织和党的工作全覆盖。

区域化党建"1＋N"的组织管理模式以街道党工委为核心，以社区党组织为基础，以服务群众为重点，形成了辖区单位党组织、党员和广大人民群众广泛参与，条块结合，资源共享的基层党建工作新格局。通过这一平台，使区域内不同隶属关系、不同行业领域党组织发动、联合、组织起来，有效整合、统筹、利用单位组织资源和社会资源，共商共议，合作互赢，以党建引领其他工作，推动地区单位建设，服务区域社会建设。重点推行"1+2+N"多效服务体系，打造"1+2+N"的多效动员体系，即建立一支党员志愿者队伍，打造"月坛党建"微信公众号和"月坛资源库"两个平台，提供 N 类服务内容，形成国务院所属机构、街道、社区"三位一体"的区域服务网络体系。

（三）月坛街道"1+N"区域化党建引领社区建设发展

1. 着力推动党的建设与社区建设"三个结合"

一是党委换届同推进区域化党建结合。主动征求驻区单位、社区党员和居民群众的意见，组建社区席位制"大党委"，搭建区域事务共商共治平台。为驻区单位、在职党员参与社区建设创造条件，壮大了社区党组织服务社区建设的力量。将社区民警、街道科级干部和驻区单位党组织负责人推荐为席位制委员。二是党组织建设与基层组织建设相结合。进行"一委两居一站"试点，优化社区党建、社区自治、社区服务"三位一体"治理结构。合理调整设置社区党组织下辖党支部，按网格划分组建调整党支部，便于党支部在网格中发挥作用，为各项工作的开展打下了坚实的组织基础。三是党员队伍建设与加强社工队伍建设相结合。根据社工队伍整体结构状况，严格"一人兼"要求，周密确定人选方案，提高了社区党组织和社区居民委员会成员交叉任职比例和社区居民委员会中的党员比例。26 个社区全部实现"一人兼"的目标，严选大学生社工进社区党组织班子，使社区党务工作者队伍不仅数量上得到了保证，整体素质也有了很大提高。

2. 着力构建"区域化党建信息管理平台"

依托城市公共管理与社会服务信息化平台，开发党建资源管理信息平台，运用三维地理信息指挥系统，将月坛地区的 26 个社区细分为 112 个网格，每个网格以三维的形式显示区域内的人、地、事、服务站点以及区域单位党组织和党建情况，实现了以社区为单位，以网格为细分，区域单元内体制内和体制外、上级党组织和下级党组织、"单位人""社会人"与流动党员等多元主体的资源整合和协调互动。建立"月坛党建"微信公众号，拓展其服务的辐射面，延伸服务触角，通过有效整合月坛地区的党建资源、社会资源，定期将活动集锦制作成视频短片，编辑成图文并茂的信息予以及时推送宣传，整理学习资料定期发布以供党员学习。同时，街道工委将所属基层党组织和党员的信息录入后台，为每一个基层党组织设置专业账户，委托管理员负责所属党组织的信息维护和管理工作，从而将微信平台打造成集党建宣传、党员学习教育、党员服务和管理于一体的党群工作新平台。

3. 着力构建以居民为主体的基层治理工作方法

在推行楼门党建的基础上，依托楼门组长信息传递系统，畅通社情民意沟通新渠道。通过建立社群民意的响应和处理系统，第一时间将党员、群众的愿望反映至上级组织，加快了服务与需求的有效对接。此外，为激发群众参与社区事务的意识，探索"民主议事、民意立项"的工作流程。凡是涉及社区党员、群众切身利益的重大事项，经社区议事、表决，确定为需要建设的民生工程，均使用党组织服务群众专项经费作为投入保障，切实满足居民所需。如广二社区党组织针对辖区老年人多，部分老旧小区缺少供休憩座椅的现象，征求居民代表、楼门长以及物业产权单位的意见后，利用专项经费先后在复兴门南大街 5 个院落和 302 小区内安装了"邻里守望岗"休闲座椅。进一步树立社区党委在居民中的形象，并在加强服务型党组织建设，推动社区治理方面进行理念创新，充分发挥社区党组织在服务群众、凝聚人心、促进和谐等方面的积极作用。

4. 着力推动区域资源共享

一是整合辖区党建服务资源。街道工委依托党建联合会平台，定期为 41 家会员单位推出志愿服务项目，各会员单位党员、群众志愿者自愿报名，主动认领服务项目。项目涵盖社区环境整治、为老服务、儿童心理慰藉、重点时期执勤、法律咨询、文化宣传等，推动党员志愿者由普通义工向政治志工转变，形成具有月坛特色的区域党员志愿服务品牌。2017年共开展志愿服务超过15次，共3900余名党员、群众参与。进一步规范管理和提升服务质量，社区还制定了管理和激励制度，并与第三方专业机构合作对志愿者进行培训，对志愿服务进行宣传和推广。街道还充分调动地区会员单位党员干部的服务积极性，发扬志愿服务精神，打造了系列月坛公益行品牌项目（见图4）。街道通过开展"我的特色我点亮"主题活动，发挥各机关在职党员自身优势，为社区居民提供内容丰富、专业性强、覆盖面广的志愿服务。通过开展"部长进社区"系列活动，先后邀请了国家发改委、国家统计局、中国地震局等国务院所属部门的领导走进街道，深入社区群众，以各种方式宣讲党和国家的路线方针政策，对居民关心的热点问题进行解疑释惑，建立了国家部门、街道、社区"三位一体"的资源闭环流动。

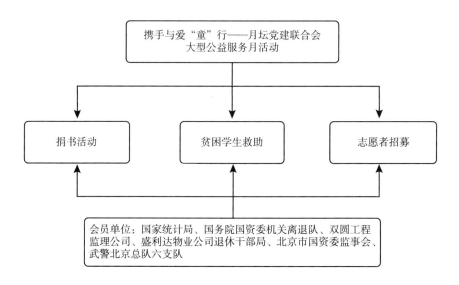

图4 月坛街道公益行品牌项目

二是活动阵地共享。开发社区党建活动中心，动员和引导非公企业党建资源相互对外开放，形成了"共享活动点"的活动阵地网络，避免了个别党组织开展活动受场地限制和企业党建资源重复建设的问题。三里河二区以党建活动中心为平台，与乐莲养老服务机构合作，开展了"彩虹志愿行动"

项目，通过社区志愿服务体系实现老人丰富多彩的社区居家养老生活。2017年1月，月坛社区党群服务中心揭牌并投入使用，面积约为570平方米，能够同时容纳200余人活动。该中心以"凝心聚力"为主线，设计了"求知倡言社、倾听求实支部工作坊、益民图书室、心灵驿站、悦民多功能活动厅"5个主题空间。社区党委会、社区团体、辖区单位活动等都在中心举办，每月服务党员、群众1000人次，为党员、群众学习知识技能提供了阵地，也为驻区单位开展党建活动提供了场所。

三是公共服务共享。街道工委以良好的双向沟通为基础，全面把握中央驻区单位需求，转变理念，拓宽服务领域。建立主动服务的理念，将政务服务以及地区各单位场地、人才、专业等资源进行分类梳理、登记，编写《宜居月坛服务手册》，详细介绍政府职责、工作内容、服务范围、区域资源，广泛向中央驻区单位发放。大力应用新媒体传播技术，开发学习服务型网络平台，将地区党建、政务、商务、公益等各类资源整合起来，使中央驻区单位工作人员享受到与社区居民同等的公共服务。各社区以党建阵地为载体，将社区服务职能向党群活动中心延伸，向辖区单位延伸。汽北社区针对社区各类群体的不同需求，完成了"汽北·家园"项目，创建"阅·家园"青少年图书室、"艺·家园"老人手工工作室、"e·家园"多媒体服务中心等活动阵地，增强党建阵地服务群众、服务社区的综合能力。三里河二区、白云观社区结合自身党建工作建立党群活动中心，内设党建宣传栏、社区荣誉展示栏、图书室、电子阅览室、心灵慰藉室等多个空间。

四　区域化党建在创新社区治理上的作用与思考

（·）区域化党建在创新社区治理上的作用

1. 实现价值转变

基层党组织是党执政的根基，具有鲜明的政治属性。社区作为社的基本构成单位，是社会的缩影。社区治理属于地域性基层社会治理范畴，是行政管理服务和群众性自治的有机结合，具有明显的"共治"属性。随着传统单位制党建模式被打破，在社区共治的格局中，党组织要发挥领导核心作用。充分发挥党组织推动发展、凝聚人心、服务群众、促进和谐的作用，是区域化党建的根本历史使命，也是社区建设和发展面临的现实挑战。关键就是发挥好党对社会价值的引领，以实现党的先进性。

从区域化党建的实际效果来看，第一个突出的转变是基层党组织的行为由管理型向服务型转变。传统的基层党建都是围绕党的自身建设，区域化党建被注入了社会功能性、群众参与性和利益性共享性等多元因素，使党组织在设置上更加侧重构建便捷化的服务体系，打破了纵向行政性党建的单向管理及形成的各党组织间的隔离，形成了优势互补、良性互动的党群联合链条，有利于强化党组织的服务能力，更好地服务于社会。第二个转变是基层利益价值由差异化向公共化转变。以往不同领域各单位、不同隶属下的部门间的党组织在作用发挥上，虽然都强调把基层利益作为党建的根本出发点之一，但是实际的实施形式和效果都存在差异，区域化党建在资源的整合优化配置中发挥的积极引导作用，在一定程度上在推动这一局面的转变，朝社区范围内共建共享的公共化方向转变。

党的基层组织建设要带动其他各类组织党的建设。面对公民意识的觉醒和市民社会的发展，面对"三期叠加"的严峻复杂形势，加强基层党组织建设，基本前提是把握好功能定位。要紧紧围绕实现社会稳定和长治久安总目标，着眼于彰显党的政治特征、发挥党的政治优势、完成党的政治任务，着力强化基层党组织政治功能，充分发挥政治引领作用，切实做好从思想上、政治上、组织上引导教育党员和群众工作，为建设团结和谐、繁荣富裕、文明进步、安居乐业的社会主义打牢坚实基层基础。

2. 整合社区资源

当前，随着经济社会的不断进步，人民生活水平的提高，居民在公共服务方面的需求越发强烈。习近平同志在十九大报告中指出，我国社会主要矛盾已经转化为人民日益增长的美好生活需要和不平衡不充分的发展之间的矛盾。社区作为城市的细胞，是人们安居乐业的生活空间，在社区这一空间内整合资源服务于人民群众，是我党执政为民的重要体现。

在结构转型的社会背景下，社会主义市场经济确立和逐步发展。随着党政分开和政企分开，社会资源的占有从党、国家的垄断性占有逐步向资源占有的多元化方向发展。与之相适应的区域化党建，就是要发挥党的执政优势，实现资源整合和效率配置，激发社会参与共筑共建的活力，形成"组织共建、资源共享、活动共办、事务共商"的良好局面。区域化党建的生命力大小，关键就是要看区域党组织的整合协商能力的大小，如能否将隶属于不同系统、掌握不同资源、联系松散的党组织整合为联系紧密的党建共同体，整合不同隶属关系的单位的组织资源、社会资源、文化资源等。实现组织领导体制"上下联动、横向互动、纵横贯通"，从而通过组织资源整合来实现各类党组织的资源整合和统一管理配置，更好更有效地服务社区、服务社会。通过沟通协商和利益协调等机制向"两新组织"延伸，起到引领社会、深化我党在社会中的政治影响力的重要作用。通过发挥街道社区党组织的轴心作用，积极引导辖区内各类企事业单位和组织参与社区服务，实现社会资源的有效整合。

3. 保障参与机制

随着经济社会的转型发展，社会阶层不断分化，社会主体的利益诉求、思想观念、文化价值也呈现多元化。化解各类矛盾，协调利益关系、保障群众合法权益、维护社会稳定，是社区社会治理面临的重大挑战。在社会治理格局中，党的领导是根本保证，政府负责是治理的前提，社会协同是治理的依托，公众参与是治理的基础。通过政府与社会的良性互动，实现政府、社会、居民共同参与社会治理的格局，已成为当代重要的社会治理模式。坚持党的领导，是社会主义建设必须始终坚持的根本原则。区域化党建强调党委领导，主要靠政治领导、制定规则、利益协调、资源整合与思想引导的方式，强化党组织的政治功能，实现区域性党组织对基层社会的领导，尤其是

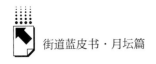

当前公民意识不断觉醒，需要党委的领导处理来自社会不同的声音，协调利益关系，引导社会价值，使各种社会主体有序地参与到民主协商中。

（二）改善区域化党建的相关思考

1. 激发多元主体参与的活力

推进区域化党建工作，是新时期党中央加强城市基层党建工作的指导精神，区域化党建是推动党的建设与社会管理相互结合、相互促进的重大创新，具有重要的开创性意义和历史性意义。其一，作为基层政府的街道党工委是区域化党建的领导主体，街道在区域化党建工作中既要发挥组织者的决定性作用，还要扮演桥梁和纽带的角色，要抓好自身建设，抓好统筹联动。作为区域化党建工作的发起者、组织者，要主动、充分挖掘区域单位的兴趣点、需求点、利益点，以共同的兴趣和需求为结合点，不断加强基层政府与单位之间、单位与单位之间的交流和协作，增强区域化党建工作平台的吸引力。其二，作为区域化党建工作的重要参与主体的驻区单位，由于其社会属性和经济属性，参与区域化党建的内生动力不足的问题较为突出，需要进一步提高驻区单位党组织的主体意识，建立健全社会责任体系，建立驻区单位资源服务社区项目对接机制和评估反馈激励机制。其三，居民区党组织作为社区建设的基础，覆盖面广，直接面对广大人民群众。居民的松散性决定了居民区党组织的组织化程度不高，如何使广大人民群众向党聚拢，巩固我党的执政基础，进一步加强居民区党组织建设，根本就是要提升居民的社区意识，提升对社区的认同感，使居民意识到社区与个人息息相关，社区关系到居民的切身利益。居民区党组织要从居民的实际利益出发，对接街道和驻区单位党组织服务资源，解决居民的实际问题，让社区居民体会到居民区党组织在倾听民情、解决居民需求方面发挥实际而有效的作用，提升居民对社区的依赖感。

2. 优化体制机制

社区治理强调的是"共治"，即多元主体通过协商民主等手段共同治理公共事务。这就需要实现社区治理的协作一体化。区域化党建的领导体制机制就要破解条块分割、促进信息共享、减少中间层次，实现组织结构由垂直化向扁平化发展。在街道实行"大工委"制，如月坛街道实行的党建联合会，将驻区单位党组织负责人整合起来。在社区实行"大党委"制，任命驻区单位党组织负责人作为社区党组织的兼职委员，共同参与社区事务的协商共治，通过党建联席会议和社区议事会开展工作，推进小环境下的精准服务和共驻共建。健全区域化党组织的内部工作制度和机制，确保其有效运转。建立和逐步完善党建联席会议制度、党委会议制度、工作汇报制度、统筹协调制度、考核评价制度、党员建议案制度等。完善区域化党建运行机制，如网格管理机制、双向服务机制、结对共建机制、党群联动机制、资源支撑机制等。健全区域化党建工作保障机制，一是建立综合沟通协调机制。以街道大党委为主要工作平台，加强各方沟通协调，承担区域化党建中共建、协调、研讨、规划等方面的工作，协商、协调、协作，组织区域社会事务管理与和谐共建项目实施等具体事务。二是建立党员教育管理机制。探索实施切实有效的党员教育管理模式。建立完善党员分类管理、党员议事提案制、在职党员星级评定等制度，不断增强党员的主体意识，充分发挥各类党员的先锋模范作用。依托党员服务中心、党员干部现代远程教育网络等平台，加强党员学习教育管理工作。三是建立经费保障机制。通过区、街道、社区财政统筹和区域内单位（组织）自愿筹集相结合的方式，建立区域化党建工作专项经费，保障区域化党建工作有稳定的经费来源。采取以奖代补的方式，对开展特色党建的各类组织予以适当补助。

3. 创新工作方式和载体

围绕构建区域性大党建工作格局的目标，按照"区域统筹、集中调配、集约共享"的方式，运用信息化技术搭建区域化党建组织网络平台，拓展其服务的辐射面，延伸服务触角，通过有效整合区域化的党建资源、社会资源，推动服务资源与服务需求有效对接。将其打造为宣传党建的"窗口"、服务党建的"云平台"，使线上线下活动有机结合，将政策宣传、信息发布、党员管理、党员教育学习等服务内容融合一体，使地区基层党组织和党支部借助该平台实现对党员群众的日常管理和服务。

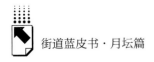

积极拓展活动载体，创新活动方式。使党的工作中心由侧重党内事务向党内事务和区域事务并重转变，由单线作战向上下结合、共驻共建、形成合力转变，通过定期不定期召开工作例会、联席会、交流会、现场会、联谊会、研讨会等方式，进一步加强区域内各类组织的思想交流、工作交流、文化交流、信息交流、人才交流等，促进区域科学发展。

参考文献

唐文玉：《从单位制党建到区域化党建——区域化党建的生成逻辑与理论内涵》，《浙江社会科学》2014 年第 4 期。

唐文玉：《区域化党建与执政党对社会的有机整合》，《中共中央党校学报》2012 年第 1 期。

杨涛：《基层社会区域化党建的治理转型运作探索——以南京市华侨路街道为例》，《中南大学学报》（社会科学版）2012 年第 4 期。

李喆：《在区域化党建新格局中充分发挥党组织优势的探讨》，《南方论刊》2012 年第 8 期。

刘军峰、黄磊：《论基层党建在社区治理中的核心引领作用》，《新西部》（理论版）2015 年第 1 期。

周颖、陈昕、王维：《"党建引领社区治理"模式的实践与探索——以张家港市大新镇新东社区为例》，《唯实》（现代管理）2015 年第 1 期。

蔺秀荣：《组建社区联合党委 构建区域化党建工作新格局》，《实践》（思想理论版）2015 年第 6 期。

马璇：《基层党建引领社区治理路径研究——以将军路街道党建创新为例》，《中外企业家》2017 年第 13 期。

聂苗：《社区治理新格局中"党建引领"的内涵与路径分析》，《广西青年干部学院学报》2017 年第 4 期。

欧江：《社区党组织在社区治理中的"为"与"不为"》，《人民论坛》2017 年第 7 期。

韩冬雪：《基层党建与社区治理如何互促互进》，《人民论坛》2017 年第 1 期。

B.6
社区治理评价体系研究

——以月坛街道为例

摘　要：　设计一套科学、有效、简洁、易操作的社区治理评价指标体
　　　　　系，对社区治理现状进行测量与评价，有利于促进政府在社
　　　　　区公共事务决策和公共服务方面的有效实施，提升政府的行
　　　　　政效能，推进政府治理方式的转变。本报告从社区治理的基
　　　　　本理论内涵和要素出发，基于城市社区治理评价的系统分析
　　　　　理论和社区效能理论，从遵循我国社区治理评价的政策导向
　　　　　和国内外社区治理评价的一般性实践规律入手，重点对月坛
　　　　　街道的社区治理评价体系的构建进行深入研究，从目标导向、
　　　　　设计科学合理的评价指标体系、构建多元的评价主体、加强
　　　　　评价制度建设等方面，为有效构建社区治理评价体系和推动
　　　　　评价工作梳理提出对策和建议。

关键词：　月坛街道　社区治理　社区评价　评价指标体系

一　社区治理评价的理论基础与实践依据

（一）城市社区治理特征

社区治理的特点是：治理主体是多元的（包括政府、社区组织、其他
非营利组织、辖区单位、居民）而非单一的（政府）；治理过程是民主协商
的而非行政控制的；治理组织体系是横向网络式结构而非垂直科层式结构。

十八届三中全会颁布的《中共中央关于全面深化改革若干重大问题的决定》中，强调了要进一步改进社会治理方式，扩大社会参与，进一步体现了我国社区治理方式由以往的行政管理向社会治理转变。由"管理"向"治理"这一词的变化是理论的演进，更体现政府理念的转变，政府将逐渐还权于民，这是一种权力的新划分，也体现政府改革的决心。

有效的社区治理，能够在党委以及基层政府的领导下，调动社会资源，发挥社会组织作用，依靠社会公众力量，解决社区治理问题，为居民提供所需服务，并促进社区政治、经济、文化、环境协调和健康发展，不断提高社区居民的生活水平和生活质量。对社区治理现状的测量与评价，应当考虑学理上对社区治理外延与内涵的界定，选择恰当有效的测量内容。

社区治理三大要素见图1。

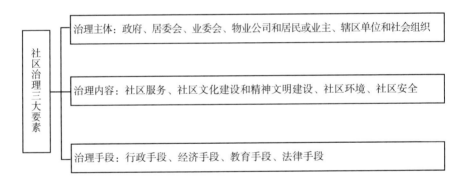

图1 社区治理的三大要素

（二）城市社区治理评价的相关概念界定

1. 系统分析理论

系统是指相互联系的各部件的集合。部件可以是具体物质也可以是抽象组织，而这些部件在系统中内密不可分并相互影响，从而构成系统的特性。系统运行具有一定的目标，系统中各部件及其结构的任何变化都有可能影响系统的运行。可以看出，系统各部件是一个密不可分的整体，因此，系统具有整体性、目的性、相关性、结构性、动态性、环境性这几个基本特性。

"系统分析"在20世纪30年代由美国兰德公司最早提出，主要应用于管理问题研究。综合各领域学者对系统分析的阐述，系统分析是一种决策辅助技术，是将解决的问题作为一个保护各要素的系统，在特定的目标下，对其中各要素进行综合分析、评价和协调，帮助决策者更加清晰地认识问题，找出解决问题的可行性方案。

依据系统分析内涵，社区治理评估体系建立的分析流程如图2所示。

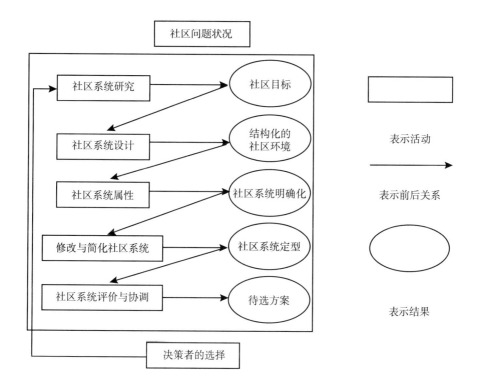

图2　社区治理评估体系建立流程

2. "社区效能"理论

"社区效能"是一种社区评估理论，由美国芝加哥学派代表人物罗布特·帕克根据芝加哥学派的人类生态学原理，通过设定一系列指标，评估一

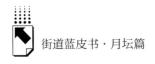
定"区位"内人群满足自我生理需求、安全需求和精神文化需求等生活环境的能力。该理论在测量社区成员的内聚力、社区认同感和归属感、满意度方面提供了重要意义和支撑。

（三）社区治理评估的现实依据

1. 我国社区治理评价的政策导向依据

遵循党的十八大、十八届三中全会、十八届四中全会在社区建设与社区治理方面的基本精神，社区建设综合测评指标体系的建立要从以服务为本的价值取向出发，在注重对社区居民满意度的角度体现指标的设计。

从2000年起，北京市各区普遍开展城市社区建设，创造出别具特色的社区建设模式，积累了丰富经验。2010年，中共中央办公厅、国务院办公厅出台的《关于加强和改进城市社区居民委员会建设工作的意见》，对完善基层群众自治制度、巩固党的执政基础、构建和谐社会提出了新的更高的要求。自党的十八大报告中提出要"加强和创新社会治理"以来，创新社区治理的方式就成为创新社会治理工作的重要内容。党的十八届三中全会进一步强调指出："开展形式多样的基层民主协商，推进基层协商制度化，建立健全居民、村民监督机制，促进群众在城乡社区治理、基层公共事务和公益事业中依法自我管理、自我服务、自我教育、自我监督。"党的十八届四中全会提出要在全面推进依法治国的目标高度上推进多层次多领域依法治理。推进多层次多领域依法治理，在创新社区治理的方法、手段、途径等各方面取得了有益的成效。开展社区治理评价指标的建立就是一个直接且科学的重要手段。通过科学化、标准化、规范化的评价指标体系对社区建设及社区治理重要领域及核心内容的检测与评价，总结经验，发现不足，达到提高社区建设与社区治理的质量与水平的目的。

2. 国外社区治理评估的经验及启示

早期具有代表性的指标体系是世界卫生组织的"健康城市组织"在1987年建立的健康城市评价体系，共涉及社区环境保护、社区规划布局、社区安全和居民健康等 7 大类、26 项单项指标。此外，美国城市社区指标评估最具代表性的是"可持续西雅图"。西雅图开发了一系列可持续社区指标，在自然环境、居住条件、社会氛围、个人需求四个一级指标的基础上，进行细化描述二、三级指标。此外，该社区评价指标体系重视社区成员的参与，积极参考社区成员建议，并与教学研究机构展开学术合作，获得政府组织和社会组织资金支持，定期反馈研究结果，不断修订完善指标体系。以推动社区评价指标体系系统和持续完善，来进一步推动社区发展的可持续性。

在世界各国社区建设和发展过程中，社区建设的核心是社区生活的满意度。其涉及家庭生活、职业、教育、经济收入、文化休息、各国服务设施、住房及人际关系交往、社会积极性等。国外社区建设指标体系的建立，有力地推动了社会发展，对我国的社区评估指标的建立提供了一定的经验借鉴。其一，要建立定量与定性相结合的较为完善的评估指标体系，以及适应社区特性的灵活的评估标准；其二，要将社区自我评估与社会机构专业评估相结合；其三，要加强公众监督，重视评估效果的反馈，并根据结果动态调整改进，从而推动工作效率和服务管理能力的提升。

二 月坛街道社区评价指标体系与评价模型构建

月坛街道联合北京市社会科学院展开深度调研，在全面梳理街道十多年社区建设与社区治理历程的基础上，设计了一套科学、有效、简洁、易操作的社区治理评价指标体系。

（一）社区治理评价指标体系构建的目标与原则

1. 建立社区治理评价体系的目标

近年来，月坛街道以"打造人文型月坛、发展数字型月坛、构筑学习型月坛、创建服务型月坛"的"四型月坛"为发展目标，充分发挥街道统筹辖区发展、监督专业管理、组织公共服务、指导社区建设的各项职能。在全面深化改革、社会治理创新的大背景下，我国从"管理"向"治理"转变，月坛街道建立社区治理评价体系，是政府职能转变的重要体现，有利于促进政府工作在社区公共事务和公共服务中有效实施，提升政府的行政效能，推进政府治理方式的转变。从社区建设及社区和谐发展的角度，通过社区治理评价指标的建立，有利于通过评价结果，发现当前月坛街道各社区发展中存在的问题，为科学决策提供依据，有利于补齐社区发展短板，推动月坛街道各社区全面发展。此外，在社区民主建设的方面，社区治理评价对于保障社区民主权力、建立健全我国民主制度具有重要意义和价值，有利于推动和调动居民对社区公共事业的参与，推动社区公共利益的最大化。由此，应进一步提升月坛街道社区建设与社区治理的质量与水平。

2.建立社区治理评价指标体系的五大原则

社区治理评价，要对照统一的指标，采取一定的方法，对社区建设与治理投入的资金和资源，对社区建设与治理各主体在一定时间内通过工作实践所取得的业绩和在一定时间内所获得的社区发展效益进行评价和测评。月坛街道为有效实现建设社区治理评价指标体系的目标，在指标的设计时注重遵循五大原则。

第一，导向性原则。必须完整准确地反映社区建设和社区治理的目标要求，按照社区建设和治理各主体所应履行的职能建立测评体系。

第二，服务性原则。坚持以人为本作为社区建设和社区治理的核心，着力解决涉及社区居民切身利益的问题，较好地体现服务社区的基本精神。

第三，适应性原则。社区治理初步阶段，测评体系的设计要适应这一阶段的发展现状。

第四，科学性原则。社区治理评价的指标、方法和具体的组织都具有科学性，要全面、系统地评价社区建设与治理的效能，既要考虑到当前社区建设与社区治理的发展现状，又要着眼于长远的绩效推动。

第五，可行性原则。该原则包括三个方面内容。一是指标体系要与被评估对象相结合，评估标准要根据评估目的做出适当的选择。二是量化测度计算方法要简单易行，便于实施。三是评估指标要反映出被评估对象的共同属性，以统一的基点和评估要求为根据。

（二）社区治理评价体系指标设计模型

1. 社区治理评价指标的设计思路

城市社区治理评价体系的指标设计要根据当前我国社区，尤其是北京作为特大城市发展现阶段的社区现状。当前，北京社区建设的主要内容，应在社区治理理论指导下，按照目标原则提出并建立（见图3）。

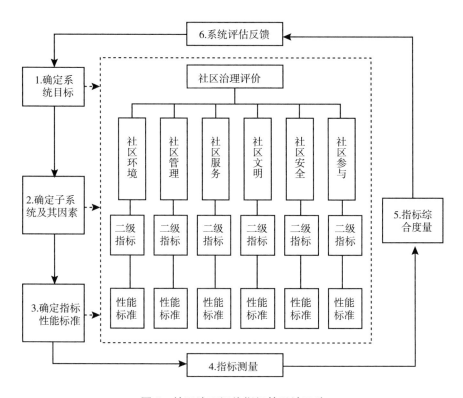

图3   社区治理评价指标的设计思路

2. 社区治理评价的指标体系设计

月坛街道与北京市社会科学院联合，在查阅国内外相关资料，参照城市社区评估的相关研究成果，结合北京市及西城区社区建设的要求，以及月坛街道社区的特点，按照五大指导原则，在反复调研和征求意见、归纳和修改的基础上，建立指标层和具体指标。月坛街道社区治理评价指标体系，共分为

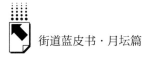

社区党建、社区自治、社区服务、社区安全、社区文化、社区环境 6 个一级指标，在一级指标下设立了 28 个二级指标，70 个三级指标，具体如图 4 所示。

月坛街道社区治理评价指标体系具体构成见表 1。

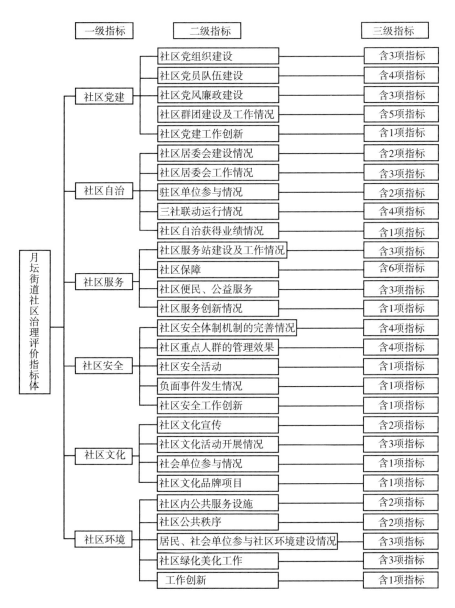

图 4　月坛街道社区治理评价指标体系

表 1 月坛街道社区治理评价指标体系具体构成

一级指标	二级指标	三级指标
社区党建	社区党组织建设	社区党组织班子健全,工作制度完善
		社区成立了党建联合会,结合"四型"月坛发展规划,联合会成员单位党组织紧密配合,探索"三社联动"制度,工作开展顺畅,运行良好,社区共建氛围好
		社区党组织按照社区网格设立党支部并组织网格内党员开展组织生活
	社区党员队伍建设	组织关系在社区的党员(含离退休党员、下岗失业党员、流动党员等)登记完善(95%以上),党员分类管理工作细致
		社区内80%以上党员能够参加党组织活动并有规范的活动情况记录
		驻社区社会单位的党员、居住本社区的其他在职党员参与社区建设情况良好
		社区党员意识强,党性好,党员义务履行好,综合素质高,无不合格党员
	社区党风廉政建设	社区党组织发挥领导核心作用,建立社区党风廉政建设和惩防体系
		成立社区纪检组织,对社区"两委"班子及成员党风廉政建设实施监督
		制定党风廉政责任制,对居委会和服务站的工作实施效能监察,并向居民代表大会、党员大会等报告工作
	社区群团建设及工作情况	建立了社区人大代表见面日,社区民意表达渠道畅通
		社区统战工作制度完善,工作重点明确,开展活动积极有效
		社区工会组织规范,服务与管理职工工作机制完善,活动开展顺畅
		社区青年团建设规范,组织活动积极,有效开展社区团员、青年服务管理工作
		社区妇委会组织建设规范,积极开展社区妇女服务与管理工作
	社区党建工作创新	社区党建工作至少取得一项创新及推广,社区党建获得荣誉及各种肯定性报道等
社区自治	社区居委会建设情况	社区居委会班子健全,结构优化,"老中青"年龄比例合理
		设立工作委员会,职责任务明确,工作机制完善,组织居民开展自治活动和协助政府加强社会管理、提供公共服务的能力较强
	社区居委会工作情况	社区居民会议或居民代表会议至少每季度一次召开,每年至少召开4次
		社区重大事项决策公示及听证制度落实良好
		以社区公共服务、管理等方面的问题为主题,社区至少每半年召开一次参与式协商会议
	驻区单位参与情况	与60%以上驻区单位签订资源共享协议
		驻区单位向社区开放设施、场地等资源的件数(至少3件,依据件数和规模酌情加、减分)

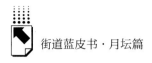

续表

一级指标	二级指标	三级指标
社区自治	三社联动运行情况	有3个以上的社区社会组织并积极参与社区建设与治理活动
		社区通过公益金购买服务的方式方法取得创新
		设置社区社工事务工作站,社工队伍充实,工作制度完善,工作开展顺畅有效
		楼门院长队伍建设良好,工作机制完善,信息报送及时高效,PDA设备的应用充分,有效开展自治活动
	社区自治获得业绩情况	社区自治工作取得机制或项目创新及推广,该创新获得荣誉及各种肯定性报道等
社区服务	社区服务站建设及工作情况	按照标准配置的服务站设施及工作人员,提供一站式公共服务事项,服务平台的作用充分发挥
		服务站工作制度健全,职责明确,工作方式及工作流程清晰,定期向社区党组织和社区居委会汇报工作,接受居民监督评议
		社区服务站重点服务对象台账齐全,每年通过入户走访、问卷调查等形式为重点服务对象开展两次以上服务需求调查,服务周到
	社区保障	"无围墙"敬老院工作推进良好,专业养老服务站点设置合理、服务项目匹配,文化养老内容丰富,"夕阳茶座"运行良好
		社区低保工作到位,政策落实有效
		落实扶贫政策,对贫困人群或家庭开展扶贫济困送温暖活动
		落实残疾人保障政策,定期开展扶残助残活动
		住房保障申请工作受理及时,开展入户调查、走访核实、民主评议和公示等工作,做到公开公正有序
		社区就业服务到位,开展了职业指导培训,开发了社区弹性就业岗位,有就业意愿的失业人员有就业岗位
	社区便民、公益服务	社区便民服务工作机制完善,服务工作有成效
		每个社区至少有3个定期、持续活动的公益服务组织(依据件数和规模酌情加、减分)
		每个社区至少有一个成效明显、影响广泛、居民认可的公益服务品牌
	社区服务创新情况	社区服务的某个方面取得创新或推广,社区服务获得荣誉及各种肯定性报道等,例如,居民认可、有一定影响的公益服务品牌
社区安全	社区安全体制机制的完善情况	设立跨部门的安全社区创建机构,每年有社区安全促进计划
		社区建立了多主体的社区联防机制的建立及有效运行
		社区消防、应急设施完备,工作制度完善
		社区建立了矛盾纠纷排查机制和多元化的矛盾纠纷化解机制并有效运行

续表

一级指标	二级指标	三级指标
社区安全	社区重点人群的管理效果	社区矫正及刑满释放人员安置帮教工作机制完善,人员再社会化效果明显,无重新犯罪现象发生
		社区反邪教宣传教育工作有力,未发生有影响的反宣案件
		社区精神病人防治工作措施得当,未发生重性精神病人滋事肇祸情况
		其他重点人群(如长期上访人员等)服务管理有效
	社区安全活动	社区有定期持续开展社区安全活动如法制宣传课堂、应急演练等活动
	负面事件发生情况	年内社区未发生任何影响社区安全的负面事件包括刑事或治安(案)事件、生产安全事件、食品安全事件、群体性事件或上访事件、火灾事件、社区交通事故、虐待和不赡养老人事件、家庭暴力事件
	社区安全工作创新	为维护社区安全开展的创新项目或工作机制、做法并取得一定影响,如在社区矛盾纠纷调解或社区治安维护、邻里守望等方面取得成效的经验做法
社区文化	社区文化宣传	社区文化宣传栏更新的次数:至少每2个月更新一次,每年6次
		"社会主义核心价值观"宣传到位,形式多样
	社区文化活动开展情况	社区讲堂(每年至少3次以上以学习型社区建设为目标,以科普、环保、人文等为主题开展的社区文化活动:如定期、持续开展的青少年成长课堂、心理疏导等讲座)
		社区读书节或阅读周(主要以社区图书室开展的书香阅读等活动形式测评)
		形式各异的社区运动会,每年度至少1次
	社会单位参与情况	每年与驻区社会单位共同开展的社区共享共建的文化体育卫生健康等活动的次数
	社区文化品牌项目	有一定影响和居民认可度的社区文化、体育、健康、卫生等方面的社区品牌项目(活动),如秧歌队、合唱团、艺术团等
社区环境	社区内公共服务设施	道路指示牌、楼宇门牌、广告牌及宣传栏维护良好
		社区内公厕、各类垃圾收集设施完好,分布合理,社区无垃圾散放、溢漏等现象
	社区公共秩序	社区违章建筑巡查督办机制良好
		黑车、小广告、无照经营、乱停乱放、乱堆乱倒垃圾渣土等现象得到有效控制
	居民、社会单位参与社区环境建设情况	临街店面和单位"门前三包"责任制落实良好
		有规律开展社区爱国卫生活动,居民参与灭蟑、灭蝇、灭鼠积极性高
		文明饲养宠物

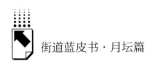

续表

一级指标	二级指标	三级指标
社区环境	社区绿化美化工作	有居民参与的绿色社区建设活动(如社区义务植树、绿地认领养护等)
		无非法侵占绿地、破坏绿地等情况
		绿地养护情况良好(无缺株、死树、杂草、病虫害,绿地内无种菜、垃圾堆放,栓钉刻画树木等现象,绿地内无废物、斑秃等情况,社区无黄土露天情况)
	工作创新	有影响、有成效的社区环境卫生建设、维护等创新性工作做法或特色项目,如运用参与式民主协商方式解决社区环境、秩序问题等的长效做法

3. 社区治理评价体系的权重计算

月坛社区治理评价指标体系确定的 6 个一级指标、28 个二级指标、70 个三级指标,总分 1000 分。

其中一级指标分别为社区党建（300 分）、社区自治（200 分）、社区服务（200 分）、社区安全（100 分）、社区文化（100 分）和社区环境（100 分）。从三级指标赋值看,分值最低的为 5 分,最高的为 50 分,次高为 40 分（1 个）,一般为 30 分、20 分、10 分的居多。

每年由月坛街道社会建设与社会动员中心依据《北京市西城区月坛街道社区治理评价指标体系》对各社区组织开展社区治理绩效评价。其中,月坛街道八大中心得分权重为 60%,驻区社会单位代表、社会组织代表和居民代表等合计得分占 40%。

各社区得分在 800～879 分为合格,880～939 分为优良,940～1000 分为优秀。此标准为参考,根据实际评价得分分布情况确定社区治理效果。

（三）社区治理评价工作的制度建设

1. 社区治理评价工作的组织管理与评价主体

为加强社区治理评价的统筹推进管理工作,月坛街道组建了月坛社区治理指标体系评价工作领导小组,在街道大部制改革实践探索的基础上,将各中心的主任分别纳入领导小组。将社区治理评价的职能重点交由社会建设与社会动员中心具体负责。因此，下设的月坛街道社区治理评价工作领导小组办公室被安排在月坛街道社会建设与社会动员中心，由月坛街道社会建设与社会动员中心主任兼任办公室主任（见图5）。与此同时，整合专业部门力量，由月坛街道统计科科长、社会办主任、文化建设与社会组织科科长担任办公室副主任，具体负责推进每年度月坛街道社区治理的评价工作，制定社区治理评价工作方案，完成社区治理评价结果的转化应用。

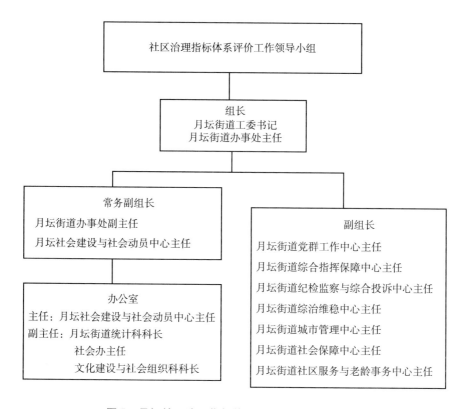

图5　月坛社区治理指标体系评价工作的组织机构

在社区治理的评价主体选择上，月坛街道注重培育多元的社区治理主体，充分肯定各类评估主体认知态度和评估视角的差异性，力求综合各主体的优势，克服单一主体评价的局限性，从而起到互补的作用。因此，月坛街

道社区治理评价主体包括月坛街道八大中心（含组成部门）和各社区组织驻区社会单位代表、社会组织代表、居民代表。

2.评价制度建设情况

一是统筹制定年度评价工作的计划安排。月坛街道进一步细化了社区治理评价的工作安排，具体安排见图6。

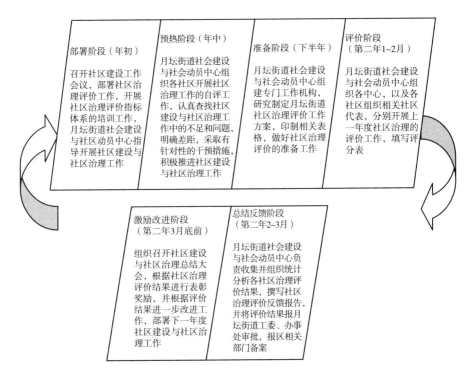

图6　社区治理评价的工作安排步骤

二是建立社区治理的自我评价汇报制度。在组织社区代表填写评分表评价上年度社区治理前，由各社区负责人与各社区组织驻区社会单位、社会组织代表、居民代表等召开社区建设与社区治理总结会，汇报本年度本社区分别在社区党建、社区自治、社区服务工、社区安全、社区文化、社区环境这六个方面的工作成效、工作中存在的不足与原因，以及下一步的改进思路和措施。接受居民的监督和评议、填写社区治理评分表。

三是建立社区治理评价反馈及激励制度。由负责社区治理评价统计分析的工作人员或月坛街道社会建设与社会动员中心委托的专门人员撰写 26 个社区治理评价反馈报告，报告结合各中心评价结果和社区居民代表等评价结果，主要内容涵盖三个方面，评价结果描述、评价中发现的问题及不足、改进社区建设与社区治理的建议。

四是建立评价结果激励制度。月坛街道根据综合评价得分、最终评价结果等内容，建议该社区的奖励等级。各社区得分在 800 ~ 879 分为合格，880 ~ 939 分为优良，940 ~ 1000 分为优秀。此标准为参考标准，根据实际评价得分分布情况确定社区治理效果。

三　有效实施社区治理评价的建议

（一）建立科学合理的指标体系

由于社区治理在我国尚处于发展阶段，缺乏相关的借鉴经验，加之社区治理评价体系的构建是一个复杂的工作，体系的制定和指标的选取，以及评价的方法还处于摸索研究阶段。对于各地方而言，社区治理评价体系的选取一定要结合各地的实际情况，要与主体的工作目标相结合，提高可操作性。同时，要将影响社区治理的多种因素都纳入指标体系设计，确保指标的全面性。指标的选择应该是能够定量，以便于计算评价结果。此外，还要进一步采纳专家及公众参与的意见，兼顾指标的科学性与实用性。

（二）加强制度保障建设

建立科学的制度规范，确保社区治理评价工作的有效开展。我国处于城市社区转型阶段，正在由政府单项管控向政府主导下多元社区主体共同参与的合作发展模式转变，迫切需要相应的科学的社区治理评价的制度建设来保障社区治理评价工作有效地开展，保障社区各主体能够有效地参与并真实地反馈意见和建议。首先，要明确社区治理评价体系的内容；其次，要明确社

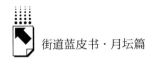
区治理评价工作小组的权力划分、职责范围和运作界限；最后，要明确社区治理评价的目标是围绕提升社区治理水平和社区居民的满意度。

（三）相关激励奖惩制度建设

应将社区治理的评价结果与相关政府组织和社会组织的绩效挂钩，并在一定指标的要求下制定相应的奖励和惩罚措施，如成员的薪酬、奖金等。提倡问责制，对于主要领导负责人因在自身管辖工作范畴内的过失而导致社区治理工作未能顺利实施或阻碍社区治理评价的，应对负责人进行责任追究并给予一定惩处。通过制定奖惩措施，提高相关部门工作的积极主动性，提升社区治理的效率。

（四）完善评价主体多元化

社区治理评价的主体，应当与社区治理的主体相统一、相协调。鼓励除政府外的社区自治组织、社区内单位组织及社区居民作为社区治理的主体，共同参与社区治理的评价工作。要避免社区治理评价主体单一性和片面性。首先，要充分调动社区居民参与评价的积极性。从社区居民的需求出发设计评价指标，鼓励社区居民参与，要以社区居民的满意度为社区治理评价的主要指标。其次，要确保社区治理情况的信息公开。保障公众的知情权，主动接受公众居民的监督，保证社区治理评价工作的公开、公平、公正。最后，依托信息技术搭建更为广泛的评价信息系统平台，鼓励更多的社区居民通过社区论坛、民意调查和社区满意度测评等方式，依托线上平台，更为方便、快捷地参与到社区治理评价工作中，进一步完善社区治理的日常评价反馈工作。

参考文献

《月坛街道社区治理评价指标体系研究报告》，2016 年 9 月。

《北京市西城区月坛街道社区治理指标体系操作指南》，2016。

任雪、梁玲云、孟晓宁、张为波：《城市多民族社区治理模式创新研究——以乌鲁木齐市后泉路北社区为例》，《民族学刊》2015 年第 6 期。

王素侠、朱方霞：《新型城镇化时期社区治理绩效的测度》，《统计与决策》2016 年第 21 期。

王鉴：《社区居委会工作绩效的综合模糊评价研究》，《重庆行政》（公共论坛）2014 年第 3 期。

何绍辉：《基于社会质量提升的场共同体评价指标体系构建探析》，《求索》2016 年第 2 期。

调研报告

Survey Reports

B.7
关于做好新时期信访工作的调研报告

摘　要：　信访问题是我国经济、政治、社会问题的综合体现，信访难题已然被社会各界所公认，信访工作处理得好坏，直接影响社会的和谐稳定。我国信访制度设计的方向，就是将信访解决在基层。因此，本报告对月坛街道基层信访工作进行深入调研，在分析新时期信访工作所面临的整体形势及月坛地区信访工作的特点，梳理了近年来月坛信访工作的具体做法和基层信访存在的问题，对如何改进基层信访工作进行深入思考提出对策建议。

关键词：　月坛街道　基层信访　困境与对策

一　新时期信访工作面临的形势

（一）新时期信访工作的形势

"十三五"时期是全面建成小康社会最后冲刺的五年，也是全面深化改革将取得决定性成果的五年。稳定的社会政治环境是改革发展的前提，在稳定的背景下才能落实好各项规划和方案。信访制度作为中国共产党的一种基础性执政资源，既在国家治理体系中发挥重要作用，也是社会政治环境稳定的预警系统。可见，准确把握信访形势对于减少和规避信访矛盾、治理和预防社会问题、维护和促进社会健康稳定意义重大。

1. 历史遗留问题与新增的历史遗留问题相互叠加，信访矛盾化解难度加大

新增历史遗留问题是指，随着历史的发展，在不同时期不同阶段又新增加许多至今未能解决的社会矛盾，在返城知青、支援三线、涉军上访、国企改制等矛盾的基础上，随着城市化进程的加快，诸如征地拆迁、失独家庭等新生问题日趋严峻。这些矛盾与经济性矛盾、人际性矛盾不同，与契约关系、个体行为方式无关，而是由于社会结构中的地位差异和角色对立所形成的，矛盾的化解难度极大。同时，又没有法律法规明确规定如何解决这些疑难复杂问题。这种情况下就需要信访部门为其兜底。从当前的形势来看，历史遗留问题和新增的遗留问题相互叠加，使得信访矛盾化解难度继续加大，矛盾激化的风险继续加大。

2. 经济"新常态"下，事关民生的信访矛盾将会增加

我国经济已经进入"新常态"，机遇和挑战交织。与经济发展密切相关的贫富差距、金融风险、劳资矛盾、就业问题将不断增加。此外，经济增速放缓将在一定程度上削弱经济对社会发展的引擎作用，可能影响未来一个时期政府对社会保障和社会服务投入的增长，从而使得财政收入放缓与民生福利刚性增长之间的矛盾进一步显性化。因此，"新常态"下以社会保障和社会服务为主的社会问题也将更为显性化，民生类信访矛盾将更为突出，或将有越来越多的信访诉求由追求"补偿"的经济诉求向追求"公平"的政治诉求转变。

3. 虚拟金融和涉众型经济案件的高发，成为今后一个时期日益突出的显性矛盾

在互联网高速发展的背景下，虚拟经济发展迅速，但相关的法律和监管相对滞后，随之引发的社会风险逐步凸显。当前，我国非法集资形势严峻，

全国新发非法集资案件数量、涉案金额、参与集资人数等呈几何级数增长，均已达到历史峰值，同时，因非法集资案件引发的信访矛盾不断涌现，表现极为突出。与此同时，近两年来虚拟金融领域极不正常的上市公司高管离职套现潮已引起社会的广泛关注，它所带来的经济风险和社会风险同样值得高度警惕。近年来，此类信访问题将成为突出的新增矛盾。

（二）月坛地区信访工作特点

1.信访案件受理量和信访渠道

2014 年接访各类信访共计 579 件，2015 年接访各类信访案件 105 件，2016 年接访各类信访案件共计 96 件，三年来信访案件办结率均为 100%。信访案件来源主要有七大渠道，分别是市长信箱、市综合投诉、区总值班室转办、区信访办转办、来信、来访、人大代表接待日。

2.月坛地区信访特点

分析月坛街道历年信访案件，具有以下特点。

一是从信访形式上看，居民信访的方式更加理性。街道没有出现居民越级到市、区上访的案件。反映出居民寻求解决问题的途径更加明确，解决问题的指向更加注重依靠基层。

二是从信访内容上看，居民的关注重点更加趋向于居住环境与社区服务存在的问题，对环境和服务等事关民生问题要求较高。城市管理和地区环境信访案件比重较大；社区管理与服务案件次之；其他为经营场所和施工扰民案件、地区综治维稳、社保民生案件等（见图 1）。

三是从信访规模上看，主要以个体信访为主，人民群众更加关注自身的问题。个体信访案件均是与信访人切身利益密切相关的地区环境管理和社区服务问题，例如私搭乱建多发、物业服务不到位、小区卫生脏乱、施工噪声与经营油烟扰民等。这一特点具有普遍性。

四是从信访主体特征上看，上访人群文化层次较高，法律意识强。月坛地区机关部委较为集中，因此，在月坛地区居住生活的人群普遍具有较高学历，而且多数具有一定的政治背景，对相关法律法规较为了解和掌握，对生

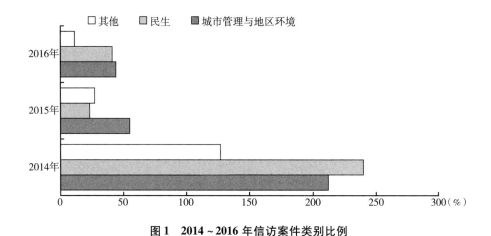

图1　2014～2016年信访案件类别比例

资料来源：根据《月坛街道信访办工作总结（2014～2016）》整理。

活环境和民生要求高，关注程度也高，在上访材料的写作和上访过程中直接引用相关法条的行为，体现了较高法律意识和维权意识。

二　月坛街道信访工作的基本做法

近年来，月坛街道信访工作按照区委、区政府总体部署，在区信访局的具体指导下，坚持以群众工作为基础统揽信访工作，围绕中心、服务大局、把握重点、突出特色，确保了对地区街情民意、机关行政作风状况的双重监控和把握，实现了地区无重大重复上访户、无非正常上访、无群体事件的"三无"目标，为地区构建和谐社会奠定了扎实的基础。

（一）创新工作体制机制，切实发挥职能作用

一是创新内部工作体制。为合力解决信访问题，街道在"大科部制"体制的基础上，又调整为"七中心两部"。这样就有效地整合了街道内部及地区相关职能单位的行政资源，扩大了社会的参与面，遇到紧急、重大信访信息，随时召开联席会，使多方力量聚合，共同商讨，联合整治。同时，设立处级领导责任社区，对重点人员落实领导包案责任制，并按照"一岗双

责"的要求以及"谁主管、谁负责"的原则，采取科室包案与解决实际问题相结合的措施，形成全员参与、上下联动、横向联合的"大信访"工作格局。

二是创新信访工作机制。为增强信访工作的针对性、有效性和连续性，建立信访工作的长效机制，月坛街道建立了"四个一"的信访工作机制，即"一日一汇总"，每天汇总来访情况，及时和领导沟通；"一周一报告"，处级领导每周听取信访工作汇报，及时牵头处理复杂疑难信访事项，共同有效应对；"一月一排查"，坚持每月开展一次矛盾纠纷排查化解工作，切实做到早发现、早报告、早防范；"一季一督办"，对于一些久拖不决的疑难信访事项，统一梳理，每季度召开一次相关部门、科室或职能单位的信访工作联席会议，拿出会审意见集中督办。

（二）运用现代信息手段，构筑群众工作网络

一是推动"网络信访"栏目应用。将市、区、街道等多种来源的信访事项予以汇集，通过"网络信访"栏目，使各信访事项从综合投诉中心流转至相关责任部门或科室，促进综合投诉中心从过去单一的"接、转、交、督"的旧框框中跳出，转变为"转交、办理、归类、决策、跟踪、预防"的阶段式处置模式，加强了对信访工作的全面管理。

二是拓展"网络信访"应用范围。将街道监控指挥中心视频图像信息系统、街道便民呼叫中心和北京市社区服务热线"96156"等多个应用系统和指挥监控平台进行整合，将多个系统进行对接，建立月坛地区信访系统，实现信访服务零距离，助推上下信访信息系统的互联互通。

三是发挥楼门院长信息系统作用。月坛地区目前共有楼门院长2432人，是反映社区民意的"神经末梢"和"毛细血管"。对此，月坛街道建立了三级报告机制和四级处理机制。三级报告即楼门院长—社区—街道。四级处理即首先将能在社区解决的管理和服务问题筛选出来进行处理；然后将剩下的工作通过系统上报到街道的城市管理监督指挥中心，由中心进行分拣、转办及督办；接下来是相关科室、专业队、站、所按照职责进行处理；最后是对

于需要上报区有关部门或协调其他力量解决的问题进行上报。这样就抓住了做好群众工作的关键，及时发现问题和有效解决问题。月坛南街 19 号院有楼门院长报告 2 号楼楼道有异味，引起邻里不满，经居委会调查发现，楼内一户居民经常拣拾废品、垃圾放在屋里。街道城建科、社区办、综治办等多科室协同做住户工作，帮助清理了垃圾，并为其进行了简单装修，社保所还帮助他们办理了多项优惠政策，不但解决了邻里的纠纷，还彻底解决了该居民的实际困难。

（三）推进社区信访代理，畅通群众诉求渠道

街道积极推进社区信访代理，通过居委会代居民提出诉求，并向居民代表反馈处理结果，把居民稳定在社区内，减少了集体越级上访。如木樨地北里 8 号楼废品收购点扰民问题。一部分居民反映该收购点占道经营、污染扰民，强烈要求取缔。另一部分居民反映该收购员在社区搞卫生已二十年，方便了群众，强烈要求保留。对此，社区按照规定程序召开居民代表大会表决，在充分协调双方利益的基础上，最终达成在加强管理、促进规范的提前下保留此收购点，并将其经营的收购点交由相关部门管理，即方便了群众，又优化了环境，使双方都比较满意。这是一个较为成功的范例，应该说涉及广大群众自身利益且可以通过民主决策方式形成综合性意见的问题均可采取此类方法予以解决。如复兴门外大街附近老旧居民住宅区供暖不热问题，居委会代理居民及时向物业反映，经区信访办、北京市热力集团协调，问题很快得到解决，避免了居民越级上访和集体上访。

（四）定期梳理信访热点，解决群众关心问题

街道定期对信访信息认真梳理、分析、归纳、整理，了解当前信访工作存在的主要问题及产生的主、客观原因，发现共性，提出改进工作方法和完善政策的建议和意见，以推动有关部门、科室和各社区信访工作的开展。每季度召集 26 个社区书记召开专题会议，通报上一季度信访案件调

处情况、部署下一季度工作，交流成功的经验，共同研讨辖区热点问题，全面掌控其动态过程，共同寻求有效解决各类问题的途径，力求从源头上预防和减少信访案件的发生。如针对 2010 年初居民对本街道老年优惠券使用的意见与投诉比较集中的问题，综合投诉中心就此与本街道社区服务中心沟通，及时反馈政策的落实情况以及社会矛盾的苗头性动向和预警信息，并提出不断改进的建议，收效甚好。同时，通过地区民主管理和监督委员会监督员座谈会，利用社区上报、地区人大代表建言及社区问题诊断等多种渠道和形式，广泛收集群众意见和建议。经分类、核实后逐项提出解决意见。将现阶段问题突出、涉及群众利益面广、群众普遍关注的热点难点问题列为下一年度月坛街道"群众满意折子工程"加以解决。此外，街道党政领导干部积极参与人大代表接待日活动，直接听取群众诉求，确保群众诉求随时表达。充分利用代表资源，努力解决好事关群众根本利益的问题，将矛盾化解在基层。

三 新时期信访工作面临的困境

（一）在思想转变上受到"新"与"守"的冲击

"新"表现为：广大人民群众的依法治理意识越来越强，监督意识也越来越强烈，对身边的违法违规行为更加敢于举报。政府相关部门对信访举报在纪检工作中的基础性作用也更加重视。基层党组织及其"一把手"对增强党的观念，全面从严治党的重要性和紧迫性有了更深刻、更清醒的认识，责任意识、主动意识进一步增强，越来越关注和支持信访工作。"守"表现为：仍然有少部分群众固守以前"有理没理，上访有理"的做法，抱着"大闹有人管，小闹没人理，不闹不解决"的思想，尤其是部分刑释解教人员抱着"光脚的不怕穿鞋"的思想闹访，严重影响了信访质量，给基层信访工作增加了难度。相关工作人员备受压力、环境、待遇、晋升、人际关系等影响，怕得罪人及怕打击报复等。

（二）在职责转变上遭遇"快"与"僵"的制衡

"快"表现为：各地纪委对信访举报工作三个转变的高度重视，在转职能上，及时调整职责定位、理念思路、工作重点等。在转方式上不断健全完善信访工作机制，不断拓宽信访渠道。在转作风上，健全对信访工作者的监督机制，要让监督者也同样受到监督，深化信访干部的理想信念，加大培训力度，提高他们业务知识水平。"僵"表现为：在转职能上，由于受到岗位编制的限制和人员安排的影响，基层信访工作职能僵化，仍然将查办案件的数量作为考核工作的衡量标准，同时，推进查办案件法规制度建设未能取得实质性突破。《信访条例》明确规定问题确已解决并且已经三级终结的信访案件"信访人对复核意见不服，仍然以同一事实和理由提出投诉请求的，各级人民政府信访工作机构和其他行政机关不再受理"，但在实际工作中，只要上访人继续申诉，上级就会交办，已经办结的案件仍继续办理，原来的结果也成为一纸空文。缺乏相应的终结机制来终结那些经过法律程序办理的无理非正常信访案件。

（三）效能改变面临"高"与"低"的反差

"高"表现为：社会公众对信访举报工作的期望、要求、信心越来越高，广大人民群众参与其中的意义和机会也不断提高，显著特征为高文化水平、高收入水平的中青年人群参与信访举报的数量不断增大。相关部门也越来越重视信访举报工作，提出的要求也越来越高。"低"表现为：基层信访工作队伍还需要进一步健全完善，工作人员原本就比较少，而懂财会、审计、法律等知识以及掌握较好办案技巧的信访人员则更少，当遇到比较复杂的信访案件时，工作人员的工作经验和能力不够，办案水平和办案质量仍然有待提高。对于处理一些无理信访的工作还存在"怕"的思想、"躲"的意识、"推"的行为，依然存在耐心不足、态度不诚、方法不多、业务不精、能力不强等问题。此外，很多历史遗留问题，责任主体不明确，责任制度不健全，责任追究难到位。

四 关于做好新时期信访工作的思考和建议

从本质上看，信访工作就是群众工作，可以起到联系群众的作用，也可以解决信访群众合法诉求。新形势下，坚持以人民为中心是做好信访工作的关键，自觉将群众观点、群众路线贯彻信访工作全过程，实现好、维护好、发展好最广大人民根本利益。更加注重完善维护群众合法权益的政策制度，提高源头治理信访问题的能力和水平，从根本上解决好群众合法的利益诉求，才能筑牢社会和谐稳定的民心基础。

（一）创新体制，整合资源，构建一元化"信访大格局"

把信访资源的整合与政府机构改革相结合是化解信访矛盾的有效途径之一。需要把信访工作和监督工作结合起来，建立社会矛盾处理机制。同时优化信访工作所处的社会环境，建立党组织统一领导、相关部门共同负责的联动机制，进而形成政府主导、职能部门各司其职、社会各种力量积极参与、信访部门适时协调的信访新格局。

（二）创新机制，完善功能，构建一体化"社会大协同"

社会协同能有效推进善治的社会管理体制的建设，也是化解信访矛盾的主要渠道。网格化协同治理是新常态下社会管理模式的创新，相关部门可以将信访工作和网格工作相结合，建立以接待为主，法律咨询解答、心理咨询为辅的信访接待模式。首先，在信访工作中要更加注重规范性。严格按照新《信访条例》的规定，依法立案，严禁将有无领导批示作为立案的标准，严防接访中的随意性。其次，在信访工作中通过"治本""控源"来消减信访矛盾。在信访问题处理过程中，要注重对政策执行效果的跟踪和反馈，妥善处理好相关问题。最后，通过"调处""化解"来提升社会协同效能。充分发挥广大人民群众在社会治理当中的基础性作用，构建政府主导、社会力量参与的矛盾纠纷化解机制。培养扶持社会组织参与信访工作，使其成为政府及相关部门与群众之间沟通、协调的桥梁。

（三）创新方法，兼容并蓄，构建科学化"依法大息访"

通过运用"源头治理、动态管理、应急处置"的社会管理机制推进信访工作，充分体现以人为本、情理交融、法律保障相结合的原则。一是要"建立健全重大决策社会稳定风险评估机制"，善于运用现代科技挖掘信访数据价值，发挥现代科技精准性、预见性优势，进一步提高信访工作质量，进一步提高服务党委和政府科学决策的能力和水平。对信访问题的严重性、危害性等潜在风险要认真研判，既要防止因大信访问题处理不当而引起的群众性事件，也要防止因对小信访问题的忽视而演变成为大事端。特别是关系到广大人民群众切身利益的重要事项，要系统梳理，科学、慎重决策，尽量避免因决策不当、政策不健全以及行政行为不规范而产生的各类矛盾纠纷，从源头上预防和减少信访问题。二是要建立公开听证信访制度和必要的信访终结制度，对"两级终审""三级终结"的案件进行最终认定，推广无理上访户终结制度，把信访听证与规范信访秩序结合起来，实施无理上访老户终结制度。三是要针对无理持续上访案件建立惩戒机制。在面对恶意上访行为的时候，运用适度的警力维护社会秩序和稳定，对那些在非正常上访行为中的违法人员依法处置，要在全社会形成一种违法必究的导向。让上访人知道非正常上访、闹访、缠访不仅不能从根本上解决问题，还会受到法律的制裁，进而扭转政府面临的被动局面。

（四）明确导向，多元评价，构建多元化"系统大考评"

当前信访干部考核评价制度不健全，在很大程度上导致信访事件解决的效率偏低。因此，要健全干部考核制度，在考核政绩的同时，将民生指标纳入考核当中，让干部更加重视群众的利益，真正做到以人为本。考评内容从注重"数量"向"数量与质量并重"转变，将有效结案率作为考核的重要指标。另外，在处理信访案件时不能靠"堵"，而要更加重视"疏"。规范

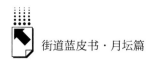
信访程序和秩序，形成文明、有序、理性、合法的信访氛围，让信访问题得到更快更好地解决。针对需要多部门联合解决的信访案件，建立联动机制，让各方齐抓共管，共同支持与努力解决问题。

参考文献

骆晶晶：《我国信访制度初探》，《中共山西省委党校学报》2005年第4期。

张汉华：《创新信访机制　维护社会稳定》，《领导科学》2005年第14期。

徐艳阳：《中国信访制度历史源流考评》，《学术界》2011年第12期。

吴超：《中国信访制度回顾与思考》，《创新》2011年第5期。

王凯伟、刘月：《新时期基层信访工作面临的困难与对策》，《湖南行政学院学报》2014年第3期。

何值有：《基层信访工作路径研究》，硕士学位论文，西华师范大学，2016。

闫昆：《基层信访工作的现实问题与对策研究》，硕士学位论文，燕山大学，2015。

B.8
关于月坛街道公共服务大厅打造
六"J"服务新理念探索

摘　要：　近年来，我国经济社会水平不断提高，政府公共服务的水平和能力也不断提高。各级政府为树立良好形象，不断推进政府职能转变，改进行政管理方式，践行服务型政府建设。行政服务中心、公共服务大厅等作为街道公共服务的直观体现和存在形式，是一切公共事务的发生地，是直接为群众服务的窗口单位。月坛街道为贯彻落实《西城区关于加强街道公共服务大厅建设的意见》，着力打造廉洁高效的基层公共服务体系，为提升公共服务大厅的环境和质量进行了有益探索，提出了六"J"服务新理念，在"净、静、境、竞、镜、敬"六个方面满足辖区居民公共服务需求，促进月坛街道公共服务再上新台阶，取得重要进展。

关键词：　月坛街道　公共服务大厅　六"J"服务新理念

一　研究背景

（一）调查意义与目的

1. 调查意义

总结月坛街道关于打造六"J"服务新理念工作的经验做法，为西城区进一步加强街道公共服务工作提供经验借鉴，对于贯彻落实西城区公共服务

大厅建设意见、西城区街道管理体制改革、基层公共服务质量提升，具有十分重要的意义。

2. 调查目的

本次调研主要有以下几个方面：六"J"服务新理念的内涵和本质，月坛街道关于打造六"J"服务新理念工作的实施效果和满意度调查，针对月坛街道关于打造六"J"服务新理念工作在推进过程中存在的问题提出对策建议。

（二）调查时间与过程

2017年12月，课题组赴月坛街道进行预调研，调研开展方式有座谈会与实地走访等，调研方法主要采用访谈法与观察法。通过预调研，课题组成员基本掌握了月坛街道关于打造六"J"服务新理念工作在实施过程中的整体情况并进行了资料收集工作。2017年12月中旬，课题组集中精力对月坛街道关于打造六"J"服务新理念工作的相关资料进行研究，并多次召开研讨会，拟定对月坛街道公共服务科负责人、公共大厅工作人员、办事居民及相关人员等的访谈提纲。此外，多次举办关于调查研究方法等的培训会，强化调研人员的基本能力与素质。

2017年12月底，集中调研共一周时间，课题组通过访谈法等调查月坛街道关于打造六"J"服务新理念工作实施的整体情况。课题组成员分别针对月坛街道公共服务科负责人、公共大厅工作人员、办事居民及相关人员等进行深入访谈并进行了问卷调查，了解六"J"理念在实施过程中的亮点与不足并针对问题提出对策建议。通过集中调研，课题组收集了大量月坛街道关于打造六"J"服务新理念工作的一手资料，为后期研究奠定了坚实的资料基础。

（三）调查方法与对象

1. 调查方法

资料收集方法。本次调查采用的资料收集方法有文献分析法与深入访谈法。文献分析法主要是对收集到的中央、北京市、西城区对月坛街道关于加强公共服务大厅建设工作的相关政策文件，以及与城市街道办事处公共服务质量提升相关的期刊文献等进行研读与分类整理；深入访谈法主要是针对月坛街道公共服务科负责人、公共大厅工作人员、办事居民及相关人员等进行一对一的结构式访谈和问卷调查，了解工作进展和存在的问题等方面内容。

问卷调查法。通过向调查者发出简明扼要的征询单（表），请示填写对有关问题的意见和建议，并得出相关结论。

资料分析方法。本次调研大量采用访谈法，对于访谈得到的定性资料采用归类—分析总结—分析—总结的方法进行分析。

2. 调查对象

本次调研对象涉及月坛街道公共服务科负责人、公共大厅工作人员、办事居民及相关人员等。

二 月坛街道公共服务大厅六"J"服务概述

（一）月坛街道公共服务大厅基本情况

月坛街道公共服务大厅以"国家级行政服务标准化试点"工作为切入点，不断推动公共服务大厅标准化建设、窗口标准化建设；以不断加强公共服务大厅作风建设为立足点，依法行政，深化开展"为官不为""为官乱为"问题专项治理工作；以提高窗口工作人员服务礼仪素质为着力点，以规范服务行为、提升服务水平，展示良好对外服务形象为导向，努力实现政府职能的拓展和行政服务的进一步延伸。

月坛街道公共服务大厅全程业务代办涉及计划生育、医保报销、借读证明、子女关系证明等与群众切身利益息息相关的业务。2016 年 9 月，在原有的业务上又增加了流动人口的生育登记工作和严重精神障碍患者监护人领取看护理补贴、常规审核和年度审核认定工作。由此，月坛街道公共服务大厅共承接 10 个科室，共计 43 项业务，月均办理业务 2224 件，月均受理业务咨询 1955 件。

（二）月坛街道公共服务大厅六"J"服务新理念的提出

高效地为群众办事是月坛街道公共服务大厅的服务宗旨。由此，月坛街道办事处在此基础上提出了六"J"服务新理念，"J"特指净、静、境、竞、镜、敬，因六字的读音恰巧相同，分别指"干净""安静""环境""竞赛""镜鉴""敬畏"六个方面，所以合称为六"J"。从六"J"入手旨在从大厅卫生、大厅环境、大厅管理、工作人员业务技能、人员工作作风等方面，着力优化服务环境，不断强化服务意识。

（三）月坛街道公共服务大厅六"J"服务内涵和主要做法

1."净"即"干净"

中国具有五千年文明历史，素有"礼仪之邦"之称，中国人也以彬彬有礼的风貌而著称于世。礼仪文明作为中国传统文化的一个重要组成部分，对中国社会历史发展具有广泛深远的影响，其内容十分丰富，涉及的范围十分广泛，几乎渗透于社会的各个方面。

作为政府开展公共服务的办公大厅，"干净"是窗口工作人员的一面镜子，在工作岗位，每个工作人员都要时时刻刻注意自己的仪容仪表。个人礼仪是其他一切礼仪的基础，是一个人仪容、仪表、言谈、行为举止的综合体现，是个人性格、品质、情趣、素养、精神世界和生活习惯的外在表现。工作人员在规定的工作时间内，必须按照《西城区月坛街道公共服务大厅礼仪规范手册》的要求，统一着装，保持服装服饰平整、洁净。着工装时，男同志佩戴领带、女同志佩戴丝巾，衬衫下摆不能外露，搭配深色皮鞋，扣好纽扣，不得披衣、敞怀、挽袖、卷裤腿。保持仪容整洁，头发无夸张发型和颜色，女工作人员长发束起、短发拢于耳后，刘海不遮眉，男工作人员不准留长发、蓄胡须。工作人员应保持仪表端庄、大方、文明、自然，不倚靠桌站立，坐姿端正，行姿稳重。在与居民交谈时，态度诚恳，表情自然、大方，语言和气亲切，表达得体。谈话时不可用手指指人，做手势动作幅度要小。谈话时保持一定距离。

2. "静"即"安静"

正所谓"静以修身，俭以养德"。中华民族是一个文明礼仪之邦，而热情好客更是几千年来的传统美德。早在两千多年前，孔圣人曾曰："有朋自远方来，不亦乐乎？"一句话道出了中国人热情接待来客的真谛。对来访者热情接待、有礼貌，是一个人文明素养的体现，也是内在品质的体现，更是人际交往中道德水准的体现。在现代社会生活中，人们离不开互相往来、交流感情，都希望受到主人热情、有礼貌的接待，不喜欢遭到冷漠与无视。中国人最注重的就是待客之道，这种传统美德、文明行为，会传递到每一代中华儿女身上。在公共服务场所，礼仪之静，显得尤为重要。

作为公共服务大厅的窗口工作人员，面对服务对象的时候要做到礼貌接递、轻拿轻放，不大声喧哗，用语文明、礼貌，语调平和、音量适中，态度热情、谦和、诚恳。不允许在接待过程中出现漫不经心、态度冷漠、语言生硬等现象，发挥表情服务、肢体语言的积极作用，拉近与居民群众的身心距离，展示窗口服务良好形象。

3. "境"即"环境"

毋庸置疑，"人在环境中"。月坛街道公共服务大厅是"服务提供者"与"服务对象"的共容之所。对于"服务提供者"，大厅是工作的岗位，要求大厅整体环境舒适温馨，适宜开展服务工作，桌、椅、台面、地面、玻璃等干净整洁，工作区域抽屉内及文件柜物品摆放整齐、美观，闲置或废弃物品及时清理。大厅工作台面卫生整洁，办公设备、资料用品摆放整齐有序，不在窗口吸烟、吃零食、随地吐痰、乱扔纸屑，保持窗口卫生、不放置与办公无关的物品，与工作无关人员不得进入窗口工作区域。

对于"服务对象"，到大厅是感受服务，月坛公共服务大厅希望带给居民"心"的体验。一是无障碍体验，包括沟通和视觉。居民一走进大厅，径直面对5个综合服务窗口，能够做到沟通无障碍；窗口工作人员的精神面貌在居民面前更是一览无余，做到了视觉无障碍。二是瞬间体验，包括来访和来电。见到居民来访，窗口工作人员会在第一时间询问居民需求，送上热情、周到、规范的服务，居民在步入大厅的瞬间就体会到贴心入微的人文关怀；机动窗口工作人员专门负责接听"51813987服务热线"，使服务对象的疑惑瞬间全消。三是传递体验，包括静态和动态。政府信息公开专栏用于查阅政务公开信息，是居民自由索取政府文件的信息港，同时计生宣传栏也以静态的方式发挥无声传播、广而告之的作用；而以动态形式滚动播放的大信息屏，使大厅多项业务的受理时间一目了然。四是标准化体验，包括标识与提示。在贯彻执行"西城区国家级行政服务标准化试点"工作中，公共服务科结合大厅空间环境特点，按照设施要求，制作并安装了相关标识，将三个厅依次编号，形成"1"号厅、"2"号厅和"3"号厅。同时，分厅制作、安装了安全出口、安全入口、禁止吸烟及图像采集区域四种室内提示牌。公共服务科还将继续推进标准化工作进程，为居民提供更加便利的服务。五是关爱体验，包括倾听民意和体贴民心。在大厅窗口设立了留言专区，如果前来办事的居民群众对窗口服务有任何意见、建议、服务评价等都可以写进大厅专门设立的留言簿，公共服务科将定期对留言的内容进行整理分类，收集民情民意，为今后更好地开展公共服务提供依据。为了给老年人或视力不好的办事群众提供更加便捷的服务，保障每个窗口配备一副老花镜，购买时还特意选取度数不等的老花镜。老花镜除了有固定在窗口的，也有不受距离限制方便取用的，从而给办事群众提供最大的便利。此外，办公环境内在等候区域配备带靠背的舒适座椅以方便行动不便的孕妇、老人、儿童等有需要的人群，还配有饮水机等便民设施。

4."竞"即"竞赛"

"竞赛"，是提升窗口工作人员综合素质的一种方式。业务技能是服务群众的基础，过硬的业务素质是服务群众的实际体现。为进一步打造高绩效队伍，提升窗口人员操作技能，全面提升整个团队的执行力、协作力、战斗力、凝聚力，结合窗口工作性质，大厅利用工余时间积极开展业务技能大比拼活动。在注重日常操作和政策理解的基础上，立足岗位实际情况，以考核专业理论知识和实际操作技能为重点，目的是为了促进学习、提高岗位操作技能，从而提高办事效率，保障窗口工作人员都能达到"业务能力过硬、服务态度一流、客户满意度高"的标准，更好地服务于办事单位和群众，努力成为办事单位和人民群众满意的形象窗口。

在业务大比拼活动中，注重练兵活动"三结合"，学以致用，岗位成才，不断激发窗口工作人员的工作热情。一是"应知"与"应会"相结合，不但要学习业务流程，更要掌握和提高应用操作水平。每当有新业务、新政策或原有业务流程发生变动时，公共服务大厅会对窗口工作人员进行全员业务培训，并以岗位练兵、操作比赛等形式检验和促进业务培训的效果。二是共性与个性相结合，既全面又针对薄弱项目开展业务培训和业务比拼活动，使每位窗口工作人员都能熟练掌握各项业务流程。三是业务比拼与激励相结合，为了进一步激发窗口工作人员学习的自觉性，并做到学以致用，在提高业务操作熟练程度和工作质量上下功夫。公共服务大厅对窗口工作人员实施量化考核，对窗口工作人员每月评一次"本月服务之星"，每季度评一次"规范服务先锋岗"，每年评一次先进个人。做到日常监督与年度考核挂钩，日常考核与评先树优挂钩，年度考核与年终绩效挂钩。

5. "镜"即"镜鉴"

唐太宗云："以铜为镜，可以正衣冠；以古为镜，可以知兴衰；以史为镜，可以明事理；以人为镜，可以明得失。"

公共服务大厅是一座桥梁，一端连着党和政府，另一端连着百姓群众；它也是一个窗口，体现着政府的形象和声誉；它还是一个平台，赢得了百姓的理解和尊重；它更是一个服务站，满足群众的需要。窗口人员的一言一行、一举一动每时每刻都在人民群众的监督之下，对公共服务大厅来说，为居民服务、让群众满意是做好窗口工作的根本目标。把办事群众当作审视自己的一面会说话的镜子，可以正视自己和驱动自己，只有办事群众满意了，公共服务大厅的工作才算完成。为群众办事时经常换位思考，多从办事群众的角度考虑，"群众有需求时多问一句、群众有难题时多想一点、群众不清楚时多说一次、群众不愉快时多管一些"。多年来，公共服务大厅结合"千家评政府""满意度测评"等工作，以群众的需求、需要为服务理念和宗旨，严格执行"首问责任制""主动问询制""一次性告知制"，尽可能使群众少走冤枉路；设立"意见簿"，欢迎群众监督留言；面向办事群众开展

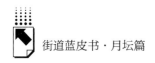

问卷调查，广泛征求居民对大厅公共服务的意见、建议，请群众为公共服务大厅打分，为窗口服务点评。公共服务大厅工作的好坏，群众满意不满意都由群众自己说了算。在帮助公共服务大厅不断总结经验的同时，也为公共服务大厅今后的工作找准了切入点。虚心接受群众的意见、建议，提供高效便捷的服务，最终让广大群众满意。

6. "敬"即"敬畏"

古人云："畏则不敢肆而德以成，无畏则从其所欲而及于祸。"党员干部必须始终敬畏党纪国法，才能保持廉洁奉公这一基本操守，也才能拥有高尚的品德和人格。党员干部要时刻牢记手中的权力是人民赋予的，只能用来为人民谋利益，时时、处处、事事应受到约束，对人民负责，做到心存敬畏、问心无愧。党员干部正确运用手中的权力，就要对党纪国法心存敬畏，严格遵守党纪国法，严格执行秉公用权的各项规定，夯实廉洁从政的思想道德基础，筑牢拒腐防变的思想道德防线。

月坛街道公共服务科围绕区行政服务窗口工作重点和党员亮身份的倡议，深化"带着感情去工作，工作当成事业做"的工作理念，积极提升业务素质，持续增强服务能力，自觉接受群众监督。积极开展"三亮、两评、两监督"多项活动。在"亮身份"活动中，自2015年4月24日起，在工作岗位上，党员统一佩戴党徽，台面放置共产党员标识，标识按西城区综合行政服务中心统一制作要求，正面为党旗形状，背面标注月坛街道宣传标语"和谐融合领跑人文"及"带着感情去工作 工作当成事业做"字样，时刻提醒自己是一名共产党员，牢记党的宗旨，遵守党的纪律，发挥党员模范带头作用，全心全意为人民服务。

三　月坛街道六"J"服务调查及分析

为检验六"J"在实际工作中的落实情况，设计开展问卷调查。通过问卷，第一时间获取居民对大厅及窗口工作情况的反馈评价，查找工作中的不足，进一步推动公共服务高效、便捷、和谐发展。一方面为课题研讨提供科学有效的佐证，另一方面充分调动居民的主体监督作用。问卷内容包括两部分，第一部分为被调查人员性别、年龄、教育程度、职业等方面的基本资料，第二部分包括对大厅窗口工作人员服务情况调查以及对本次调查的意见建议等主体内容。

本次问卷共发放 50 份，窗口工作人员在办理各项业务时随机发放，居民匿名填写，以保证问卷的科学性与真实性。最终统计有效问卷 50 份。我们对每项调查内容做了深入、细致的数据分析，便于统计分析，数据均按照百分比进行统计。

（一）服务对象的基本资料统计数据分析

女性 28 人，男性 22 人。年龄特征方面：30～39 岁年龄段最多，占 42%，其次是 20～29 岁，占 26%，其他年龄段共占 32%（见图 1）。受教育程度方面：大专及以上学历占 86%（见图 2）。职业方面：企业职工居多，占 38%，事业单位人员与公务员持平，均占 16%，而待业人员仅占 3%，军人、退休人员及其他职业人员共占 24%（见图 3）。年龄特征中青年服务对象居多，文化程度特征中服务对象文化程度趋高，职业特征中普遍具有良好的社会职业角色。服务对象的不同特征对于评价大厅及窗口服务工作会更加客观均衡。

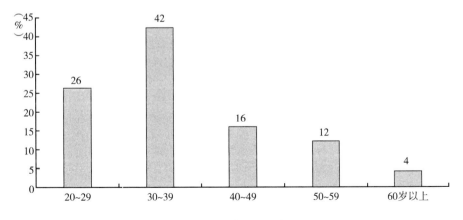

图 1　受访者年龄结构

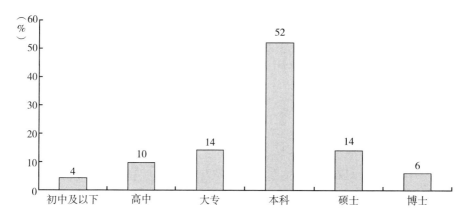

图2　受访者受教育程度

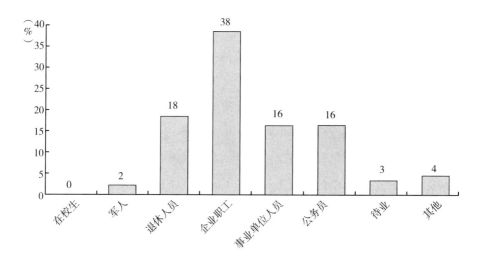

图3　受访者职业分布

（二）问卷部分统计数据分析

1."净"

问卷调查中"净"的方面反映为大厅工作人员是否符合着装统一、整洁、仪表端庄的标准。统计显示，非常符合占90%，符合占10%，基本符合与不符合均为0，统计如图4所示。

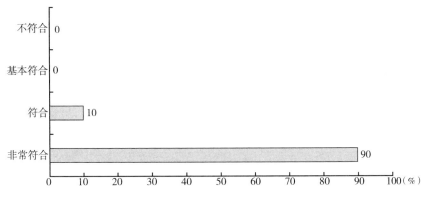

图4　受访者关于"净"的评价

2. "静"

问卷调查中"静"的方面反映为大厅工作人员是否做到服务热情、使用文明用语。统计显示,"已做到"占92%,"基本做到"占8%,"未做到"为0。统计如图5所示。

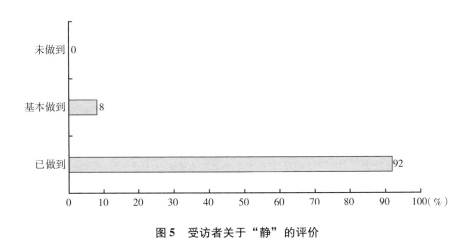

图5　受访者关于"静"的评价

3. "境"

问卷调查中"境"的方面反映为大厅的环境。统计显示,85~100分占90%,75~84分占10%,65~74分及64分以下均为0。统计如图6所示。

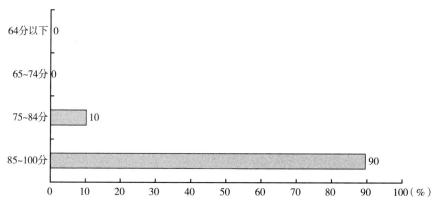

图6　受访者关于"境"的评价

4. "竞"

问卷调查中"竞"的方面反映为大厅窗口工作人员的业务熟练程度。统计显示，非常熟练占90%，比较熟练占10%，一般熟练与不熟练均为0，见图7。

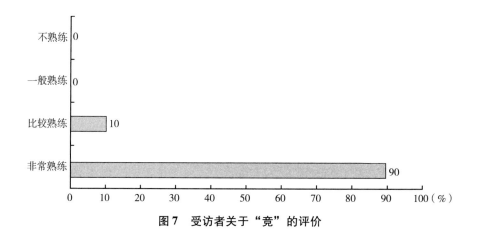

图7　受访者关于"竞"的评价

5. "镜"

问卷调查中"镜"的方面反映为大厅工作人员是否做到"首问责任制""主动问询制""一次性告知制"。统计显示，"已做到"占90%，"基本做到"占10%，"未做到"为0，统计如图8所示。

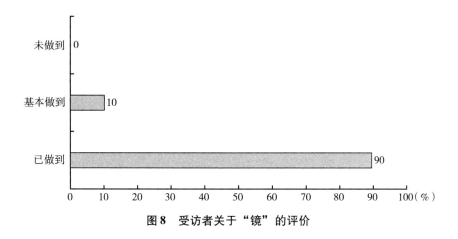

图 8　受访者关于"镜"的评价

6. "敬"

问卷调查中"敬"的方面反映为大厅工作人员是否做到了秉公用权、廉洁自律。统计显示,"已做到"占98%,"基本做到"占2%,"未做到"为0。统计如图9所示。

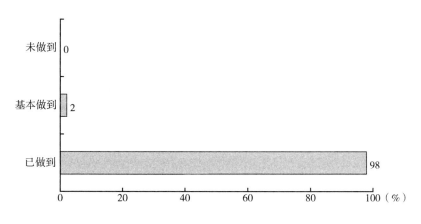

图 9　受访者关于"敬"的满意度评价

通过问卷统计显示,大厅工作人员在秉公用权、廉洁自律方面表现很突出,群众给予很高的评价;在服务热情、使用文明用语方面,群众评价较高;在业务熟练程度、符合着装统一、整洁、仪表端庄的标准方面,做到"首问责任制""主动问询制""一次性告知制"方面,以及大厅的环境评分，均得到了群众的普遍认可。同时，也说明在这些方面月坛街道公共服务大厅的服务仍有上升的空间。通过本次调查一方面在一定程度上反映出在大厅卫生、大厅环境、大厅管理、工作人员业务技能、人员工作作风等方面的情况以及群众的满意程度，另一方面通过群众的监督和反馈，从而充分激发和调动工作人员的工作积极性和主动性，不断强化服务意识，达到进一步提升窗口服务质量、不断提高窗口服务水平的目的，将"干净""安静""环境""竞赛""镜鉴""敬畏"这六"J"，做实、做透、做到群众满意。

四 月坛街道公共服务大厅存在的问题及对策建议

（一）主要问题

1. 公共服务大厅工作服务意识有待加强

公共服务大厅的服务理念过于传统，依旧依赖管制型政府服务，相关工作人员缺乏服务型政府的便民服务理念。管制型政府与服务型政府最大不同在于其本位立足点，管制型政府强调官本位、政府本位与权力本位，而服务型政府强调的是民本位、社会本位与权利本位。[①] 公共服务大厅工作人员服务理念一旦受到管制思想的束缚，就会表现出高姿态，在人民群众面前难以转换角色，从而难以满足公共服务大厅的各种制度和服务要求，而窗口工作人员的权限也会受到限制，从而影响公共服务大厅办理各项事务的效率。除了服务理念过于传统，公共服务大厅也存在工作人员服务意识薄弱的问题，部分工作人员缺乏为人民服务的精神动力，不能有效地遵循公共服务大厅的运行机制和相关服务原则。

2. 公共服务大厅创新性不足

公共服务大厅的目的在于通过政府提供服务，使人民群众享受到更

[①] 刘熙瑞：《服务型政府——经济全球化背景下中国政府改革的目标选择》，《中国行政管理》2002 年第 7 期。

加便捷高效的政务服务，从而实现群众各方面的服务需求。而往往在实际操作过程中，每一项业务办理的工作流程都过于烦琐、材料递交和申请往往都要重复几遍，业务办理时间过长。另外，公共服务大厅业务办理系统与各个职能部门业务办理系统之间也缺乏整合性，信息交流与资源共享不能有效实现，实时数据得不到及时传递，部门系统与系统平台之间的分离就成为公共服务大厅窗口不能直接、顺畅地受理群众业务的重要原因，也成为提高行政效率的重要阻碍。除了提供便捷、有效的公共服务之外，公共服务大厅还要提高服务的创新性，拓宽公民参与渠道，提高公民的满意度。但是，在公共服务大厅的现实服务过程中，公民参与服务与管理的意愿并没有得到有效满足。

3. 公共服务大厅缺乏必要的监督机制

首先，管理体制不合理。目前，在传统条块分割的行政管理体制下，公共服务大厅各类管理关系交错复杂，表现出一定的管理混乱。上级单位对大厅的监管不到位，并没有形成常态性、稳定性的监督模式，监管力度也是时大时小，不断变化，这就容易形成管理"真空"，从而大大降低服务大厅的运行效率。职能部门对工作人员的授权相对不够，造成部分工作人员权限不足，对服务事项的严密控制直接导致了一些服务事项只能在服务大厅进行咨询等业务，不能直接在大厅进行处理，使得服务大厅窗口的功能更加虚化。其次，对公共服务大厅人员考核内容过于形式化。考核内容的形式化则使监督作用不能得到有效的发挥，监督考核软化。最后，居民参与监督不足。在公共服务大厅的运转过程中，人民群众是大厅提供服务的直接对象，最能感受服务的态度和效果，因此人民群众的声音更加有效且更容易被信服。而对公共服务大厅相关工作人员的考核、评价、监督以及对服务大厅内部运转、管理，人民群众的监督容易被忽视。

（二）对策建议

1. 强化公共大厅的服务意识

首先，坚持公民导向，树立服务意识。公共服务大厅要以人民群众为中心，不断满足广大群众的个性化需求，强调服务为公民，帮助服务大厅工作人员树立服务意识，不断提升基层政府的公共服务水平，改善公共服务质量，努力建设服务型政府，最终实现善治。其次，教育培训要增加公共服务理念方面的内容。加强对公共服务大厅工作人员公共服务理念的培训，适当加入相关理论、规章制度、公共礼仪等方面的培训，使公共服务观念深入服务工作，通过服务理念与服务技能的学习，进一步提升大厅工作人员为公众提供高效、便捷的服务能力和水平。最后，要发挥先进典范的示范作用。表彰、宣传工作突出的工作人员的先进事迹，并组织学习先进模范，通过模范典型的行为引导，带动其他工作人员的工作积极性。同时，也要注重领导干部的表率作用，以此来激发工作人员的服务意识及其服务行为。

2. 强化资源整合与创新服务载体

一是整合区域工作资源，探索建立社区事务全区上下联动机制。政府可设立相应的延时工作站，与社区延时工作配套，真正做到延时工作即时办理。延伸、拓展区、街"全响应"网格化社会服务管理平台的功能，通过数据的集成、共享和流程优化，将公共服务前台延伸到社区服务站，实现在本区居住的户籍居民日常需求的服务事项在就近社区综合受理，全区通办，提高办事效率，缩短审批时间，降低居民办事成本。二是鼓励创新服务载体和手段，优化服务流程，提高办事效率。积极探索利用互联网技术，如"互联网＋"，探索整合社会化服务资源，为居民提供多元、高效和优质的服务。例如，对居民办理业务提交申请材料的探索实行网络预审制；针对居民急事急办或没有时间办理的，可尝试探索与速递公司进行合作，提供有偿的加急业务办理；对于年满60周岁的老年人，可利用人口管理数据库信息，为符合既定年龄的老年人自动办理老年证等。

3. 构建健全的监督体制和完善考核评价制度

缺乏相应的监督机制，公共服务大厅的运行很难取得长期的效果。因此，需要不断完善公共服务大厅立体化的监督体系，充分发挥组织内部、社会各界及广大人民群众的监督作用，建立内部监督与外部监督有效结合的机制，更好地对公共服务大厅的服务及管理情况进行监督。考核评价方面，对公共服务大厅工作人员的考核过程要严格，制定相关的考核制度与规范，要将考核与工资、工作经费挂钩，拓展多元化的考核评价主体，构建科学合理的指标体系，并加强对考核结果的使用。

参考文献

倪东辉、倪佳琪：《基于人工智能视角的政府管理创新》，《安庆师范大学学报》（社会科学版）2017年第4期。

赵瑛：《论大数据时代下的政府管理创新》，《统计与管理》2016年第12期。

艾琳、王刚：《政务服务管理模式及治理策略选择》，《开放导报》2017年第1期。

徐斐：《坚持问题导向　实现政务服务管理创新》，《求知》2017年第2期。

孙荣、梁丽：《建设网络共享平台　开展信息惠民服务》，《中国行政管理》2016年第7期。

刘晓洋：《制度约束、技术优化与行政审批制度改革》，《中国行政管理》2016年第6期。

魏巍：《基层政府为民服务代理研究》，硕士学位论文，广西师范大学，2015。

罗梦圆：《新公共服务理论视角下基层公共服务中心建设研究》，硕士学位论文，华南理工大学，2015。

方化春：《临清市多措并举，提升基层公共服务能力》，《山东人力资源和社会保障》2013年第12期。

林叙鸿、孙浩军：《基层公共服务平台行政审批系统》，《信息技术与信息化》2016年第9期。

B.9
关于月坛街道特别扶助对象
工作的调研报告

摘　要：　自20世纪70年代初国家实施计划生育政策以来，我国产生
　　　　　了大量独生子女，而独生子女死亡或伤残造成的困难家庭
　　　　　又呈逐年上升趋势。为此，2008年4月，北京市人口和计
　　　　　划生育委员会与北京市财政局联合发布了《关于印发〈北
　　　　　京市独生子女家庭特别扶助制度实施方案〉的通知》，强调
　　　　　建立和实施独生子女家庭特别扶助制度，完善社会保障制
　　　　　度。月坛街道为落实北京市关于计划生育特别扶助对象的
　　　　　相关政策，结合地区实际情况，对辖区内特困家庭及特扶
　　　　　人员展开了深入调研，并建立了特殊困难家庭联系人制度
　　　　　等一系列行之有效的措施保障辖区计划生育特扶对象的基
　　　　　本生活，对于完善人口与生育导向政策体系，体现社会公
　　　　　平具有重要意义。

关键词：　月坛街道　特别扶助对象　社会保障

一　研究背景

（一）调查意义与目的

1. 调查意义

总结月坛街道关于开展计划生育特别扶助对象工作的经验做法，为西城

区开展计划生育特别扶助对象工作提供经验借鉴，对于贯彻落实计划生育扶助政策，服务民生、保障人民基本生活水平具有十分重要的意义。

2.调查目的

本次调研主要有以下几个方面：月坛街道开展计划生育特别扶助对象工作的整体实施情况、实施效果；特别扶助对象新模式和新机制探索；针对月坛街道开展计划生育特别扶助对象工作中存在的问题提出对策建议。

（二）调查时间与过程

2017年11月，课题组赴月坛街道进行预调研，调研开展方式为座谈会与实地走访等，调研方法主要采用访谈法与观察法。通过预调研，课题组成员基本掌握了月坛街道开展计划生育特别扶助对象工作中的整体情况并进行了前期的资料收集工作。2017年11月底，课题组集中精力对月坛街道计划生育特别扶助对象工作的相关资料进行研究，并多次召开研讨会，拟定针对月坛街道计生办工作人员、社区计划生育特别扶助对象及相关人员等的访谈提纲。此外，多次举办关于调查研究方法等的培训会，强化调研人员的基本能力与素质。

2017年12月初，集中调研共一周时间，课题组通过访谈法等调查月坛街道特扶工作实施的整体情况。课题组成员分别针对月坛街道计生办工作人员、社区计划生育特别扶助对象及相关人员等进行深入访谈，了解帮扶过程中的亮点与不足并针对问题提出对策和建议。通过集中调研，课题组收集了大量月坛街道关于开展计划生育特别扶助对象工作的一于资料，为后期研究奠定了坚实的资料基础。

（三）调查方法与对象

1.调查方法

资料收集方法。本次调查采用的资料收集方法有文献分析法与深入访谈法。文献分析法主要是对收集到的中央、北京市、西城区对月坛街道开展计划生育特别扶助对象工作的相关政策文件，以及对与开展特扶工作相关的期刊文献等进行研读与分类整理；深入访谈法主要是针对月坛街道计生办工作人员、社区计划生育特别扶助对象及相关人员等进行一对一的结构式访谈，了解工作进展和存在的问题等。

资料分析方法。本次调研大量采用访谈法，对于访谈得到的定性资料采用归类—分析总结—分析—总结的方法进行分析。

2. 调查对象

本次调研对象涉及月坛街道计生办工作人员、26 个社区计划生育特别扶助对象及相关人员等。

二　月坛街道开展特扶工作的背景

（一）计划生育特别扶助对象扶助工作相关政策

20 世纪 70 年代初，中央印发的《关于控制我国人口增长问题致全体共产党员、共青团员的公开信》提倡"一孩制"，大部分家庭积极响应党和国家的号召，自觉主动地实行计划生育，为我国人口规模的控制做出了巨大贡献。在近四十年的时间里，我国人口再生产类型由"高出生率、低死亡率、高增长率"快速转变为"低出生率、低死亡率、低增长率"，①有效降低了人口过度增长对资源环境造成的压力，有效促进了社会发展与民生改善。

随着计划生育政策的长期实施，我国产生了大量的独生子女家庭。近年来，独生子女家庭已占全国家庭总数的 40%，同时，独生子女整体规模还在以每年 400 万~500 万的速度不断增长。随着经济社会的发展和生活节奏的加快，独生子女群体会面临众多风险，特别是死亡或伤残的风险，而一旦

---

① 周美林、张玉枝：《计划生育家庭特别扶助制度若干问题研究》，《人口研究》2011 年第 3 期。

独生子女发生死亡或伤残，其家庭将逐渐转化为"真空家庭"、"残破家庭"或"困难家庭"。

我国政府对计划生育特困家庭一直有相关政策给予关注。《人口与计划生育法》明确规定："独生子女发生意外伤残、死亡、其父母不再生育和收养子女的，地方人民政府应当给予必要的帮助。"①《北京市人口与计划生育条例》里也明确规定："独生子女发生意外伤残致使基本丧失劳动能力或者死亡，其父母不再生育或者收养子女的，女方年满五十五周岁，男方年满六十周岁的，所在区人民政府应当给予每人不少于 5000 元的一次性经济帮助。"②

（二）计划生育特别扶助对象扶助工作重要意义

1. 开展计划生育特别扶助对象工作在一定程度上可以缓解由于独生子女死亡或伤残造成的生活困难，帮助失独家庭解决后顾之忧。独生子女一旦遭遇死亡或严重伤病残，而其父母又不再生育或者收养子女，这些家庭在生产、生活和养老等方面将不可避免地面临困难，加之大部分独生子女伤残家庭的收入偏低。因此，需要社会各界给予关怀、关爱，政府除定期无偿给予这个特殊群体扶助金外，还要与相关社会保障制度相配合，以保证他们晚年的基本生活水平。

2. 开展计划生育特别扶助对象工作可以让失独家庭或者独生子女伤残家庭感受到党和政府的关怀和照顾，彰显以人为本、执政为民的执政理念。在经济上、生活上党和政府给予其帮助，有利于赢得民心、巩固党的执政基础，有利于缓解社会矛盾，进而促进社会和谐稳定。开展计划生育特别扶助对象扶助工作同时也表明我国政府及有关部门充分认识到独生子女群体的风险，重视独生子女死亡伤残家庭的特殊困难和问题，并积极采取措施予以帮助和解决。

---

① 《人口与计划生育法》。
② 《北京市人口与计划生育条例》。

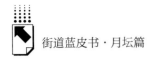

（三）月坛街道计划生育特别扶助对象调研情况

为全面准确地了解掌握特扶家庭的真实需求，为他们提供切实有效的服务，街道对辖区内特扶家庭进行了抽样问卷调查。本次调查共抽样 80 人，其中男性 33 人、女性 47 人。

1. 年龄结构分布情况。在所调查的 80 人中，49～58 岁这个年龄阶层共有 20 人，占整体年龄结构的 25%；59～68 岁这个年龄阶层共有 52 人，占整体年龄结构的 65%；60 岁以上这个年龄阶层共有 8 人，占整体年龄结构的 10%（见图 1）。由此可见，59～68 岁这个年龄阶层所占比重最大，服务需求也最大。政府在开展计划生育特扶对象帮扶工作时要特别注重分层分类，年龄不同，制定的帮扶计划也应有所侧重，不能一概而论。

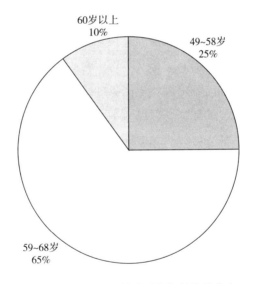

图 1 月坛街道特别扶助对象年龄结构分布

2. 面临的问题。在所调查的 80 人中，特扶对象面临的问题多且复杂。其中，养老问题所占比重为 42%，医疗问题所占比重为 25%，心理安慰、基本生活所占比重均为 13%，日常照料所占比重为 5%，残疾孩子的照料、住房问题所占比重均为 1%（见图 2）。由此可见，困扰特扶家庭的问题主要集中在养老、医疗、心理安慰和基本生活四个方面，其中以养老问题和医疗问题所占比重较大，尤其需要特别重视。政府在开展计划生育特扶对象帮扶工作时要以问题为导向，针对不同的问题制定不同的帮扶计划，科学规划，有效实施。

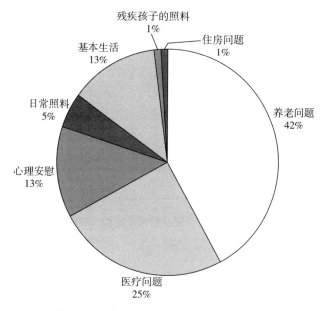

图2   月坛街道特别扶助对象所面临的问题

3. 活动需求情况。在所调查的80人中，定期检查所占比重为27%，外出游览所占比重为26%，观看演出所占比重为14%，走访慰问所占比重为8%，志愿帮助和专业心理讲座所占比重均为5%，合唱所占比重为4%，舞蹈所占比重为3%，茶艺学习和读书俱乐部所占比重均为2%，手工制作和书法绘画所占比重均为1%（见图3）。由此可见，活动需求主要集中在定期检查、外出游览、观看演出三个方面，而定期检查多指医疗方面的身体检查，随着年龄的增长，特扶对象对自己的身体健康尤为关注，更需要定期、持续、科学的医疗检查。政府在开展计划生育特扶对象帮扶工作时要以对象实际需求为出发点和落脚点，以满足多数帮扶对象需求为原则，制定科学、合理、有针对性的帮扶计划。

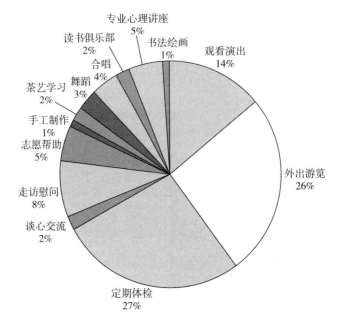

图3　月坛街道特别扶助对象活动需求情况

三　月坛街道开展特扶工作的主要做法

截至目前，月坛街道积极落实特扶政策，审核独生子女死亡特扶80户，共114人；独生子女伤残特扶142户，共208人；发放独生子女意外伤残、死亡其父母一次性经济帮助27人，共计13.5万元，确保了政策的落实。针对这个问题，月坛街道进行了相关的调研并根据调研结果开展了一系列的活动。

（一）建立特殊困难家庭联系人制度

街道计生办结合区卫计委的"计划生育特殊困难家庭扶助卡"发放工作，特别制作了"月坛街道计生特殊困难家庭联系卡"，为计划生育特殊困难家庭提供帮扶，缓解他们的实际困难，并建立计划生育特殊困难家庭扶助关怀的长效机制。"联系卡"的内容除了街道计生办和26

个社区的联系电话以外，还有社区卫生服务中心、街道司法所的律师咨询以及其他常用号码，方便特扶人员及时联系到相关人员为其提供服务。

（二）探索"特扶家庭1＋1日常帮扶"新模式

街道计生办与民政科共同出台相关政策和措施，形成合力，探索"特扶家庭1＋1日常帮扶"新模式。"特扶家庭1＋1日常帮扶"是指街道联合驻地武警，将一个驻地武警单位与一个社区内有特殊需求的特扶家庭结成对子，定期到居民家中陪老人聊天、打扫卫生、收拾屋子，为特扶家庭送关爱。街道将独生子女伤残或死亡家庭扶助工作经常化、制度化，缓解独生子女伤残死亡家庭父母在"缺乏日间照料、缺少日常陪伴等"方面的困境。具体表现为街道联合武警六支队广电总局中队和火箭军南礼士路营区官兵与西便门社区和白云观社区三家特扶家庭结对子，节假日送去慰问品及关心，利用日常生活开展帮扶慰问活动。

（三）整合社会资源，提供个性化服务

街道计生办充分整合社会资源，为特扶家庭制定个性化服务。针对那些年龄大、行动不便的特扶人员，街道计生办与地区家政服务公司联系，用购买"家政服务券"的方式，为那些有需求的特扶人员提供打扫卫生的服务；街道还联系地区医院，定期为有需求的特扶人员进行全面细致的体检，并提出有针对性的健康指导意见。不仅如此，街道还经常开展社区家庭生殖健康干预工程相关工作，组织150名困难家庭独生子女父亲进行免费男性生殖健康检查，150名困难家庭独生子女母亲进行女性生殖健康检查工作等。

（四）打造交流平台，丰富精神文化生活

特扶人员心理往往会变得脆弱和敏感，常常自我封闭，不愿再接触社会，精神上痛苦不堪。为了解决这一问题，街道计生办开展了形式多样、内

容丰富的各种文体活动：包粽子、看电影、茶艺讲座、养生讲座、观看演出、外出游览等，丰富了他们的精神文化生活，增强了他们的社会归属感。截至目前，街道共组织特扶人员外出参观游览 2 次，共计 258 人次参加了活动。端午节看电影 113 人参加。给 70 名特扶人员发放粽子。组织 107 位特扶人员体检。成立特扶家庭快乐俱乐部：茶艺班举办 2 场活动，共有 56 人次参加，制作葫芦画兴趣班有 9 人参加。

四 月坛街道开展特扶工作存在的问题及对策建议

（一）主要问题

1. 无法养老就医

特扶家庭普遍存在患病率较高、生活资源缺乏、养老困难等问题。解决这一问题的关键就是满足这些家庭养老就医的需求。然而，传统的养老模式并不能满足这一需求，对于特扶家庭中生活无法自理、行动不便以及经济条件差的情况，并不能完全实现特扶家庭养老就医需求。另外，特扶家庭还存在入院治疗无人办理正常住院手续以及入院后无人照料等问题。

2. 缺乏心理辅导

尽管月坛街道对辖区内特扶家庭进行了一系列经济上的帮助和补贴，这些对特扶家庭来说远远不够。孩子死亡或残疾的事实，才是对他们最大的伤害。物质上的帮扶只能暂时缓解他们生活上的负担，而心理上的慰藉才是让他们走出"雾霾"的一剂良药，才能让他们重拾对生活的信心，积极乐观地面对未来。

（二）对策建议

1. 进一步完善政策措施

一是完善生育政策法规。建议在生育政策法规中，扩大对特扶家庭的扶助范围，提高扶助金额的标准，加强对特扶家庭的调研，了解实际情况，根据扶助对象的年龄具体发放扶助金。二是建立健全特扶家庭的养老机制。深入了解特扶家庭实际需求，对应实际需求适当增加养老基础设施，加大养老建设投入，完善养老服务。加强各部门对养老工作的联动作用，完善养老政策体系并用足、用活现有的养老政策。通过采取分散与集中供养的方式解决他们的生活问题。三是定期发布特扶家庭的权威数据。建议加强对特扶家庭的信息统计工作，建立特扶家庭数据库，对已统计的相关数据要实时向社会公布并及时更新。同时，可以建立相关的健康档案，每个特扶家庭建一个家庭成员档案，记录每个家庭、每个成员的身体健康状况，并联合医疗机构，为特扶家庭开展对应的、有针对性的医疗服务。

2. 建立健全特扶家庭社会公益服务体系

一方面，建立"特扶家庭社会关爱救助"机制。充分利用互联网优势，利用网站、微信、微博、App等形式搭建网络线上交流平台，建立网络心灵驿站，定期开展政策宣传、咨询交流等线上交流活动，为特扶家庭提供及时、便捷、高效的线上服务，引导社会大众对特扶家庭的关注，从而尊重、帮助、关爱特扶家庭，营造良好和谐的社会氛围。另一方面，建立多部门帮扶的联动机制。帮扶特扶家庭工作程序比较繁杂，涉及经济、医疗、生活照料、精神慰藉等各个方面的扶助，也涉及多个部门的工作，属于一项比较系统的工程。因此，在帮扶过程中，民政、计生、工会、共青团、残联、妇联等组织要发挥联动作用，深入开展帮扶活动，提高特扶家庭的生活质量。

3. 积极引导特扶家庭重拾生活信心

首先，要开展精神慰藉。要加强对特扶家庭进行精神方面的扶助，充分利用社会组织、志愿组织以及专门的心理咨询机构，通过定期对特扶家庭开展志愿服务、专业心理咨询服务活动，比如开展关爱关怀活动、心理咨询、心理辅导等服务活动，加强对特扶家庭成员专业、科学的心理干预，从而为特扶家庭成员提供精神慰藉，排解他们心理上的痛苦和压力。其次，要积极

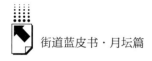

引导和鼓励特扶家庭参加社会活动。举办丰富多彩的文娱活动，吸引特扶家庭参与。通过活动，扩大交流、纾解压力、增强信心，进而走出阴影，重拾对生活的希望。

参考文献

黄鹂、蔡弘：《失独家庭与失独关怀研究》，《合肥学院学报》（社会科学版）2014年第5期。

刘芳、马明君：《我国失独家庭现状与对策的研究综述》，《重庆师范大学学报》（哲学社会科学版）2014年第2期。

狄欣：《社会支持对失独者生命意义感的影响研究》，硕士学位论文，上海师范大学，2017。

周慧媛：《城市失独家庭社会支持体系研究》，硕士学位论文，上海师范大学，2015。

唐硕、徐晓燕、张寰、孙嘉悦、丁权福：《社会工作中结对帮扶方式问题研究——以江苏省新沂市单亲特困家庭青少年群体为例》2015年第2期。

崔跃：《陕西岚皋县对计生困难群体实施精准帮扶》，《人口与计划生育》2015年第9期。

刘振华：《我国"失独"家庭帮扶制度的反思与重构》，《广西社会科学》2014年第7期。

李潇：《"失独"家庭社会帮扶问题研究——以江苏徐州Y区为例》，硕士学位论文，西北农林科技大学，2015。

南菁、黄鹂：《我国失独家庭现状及帮扶对策研究述评》，《合肥学院学报》（社会科学版）2013年第2期。

王怡昕：《"失独"家庭帮扶政策的不足及完善》，《莆田学院学报》2017年第1期。

B.10
关于月坛街道开展社区协商民主
工作的调研报告

摘　要： 党的十八大以来，开展基层协商民主，实现社区多元共治
逐渐成为城市社区治理的重要方向。利用好协商民主制度
的特点和优势，开展好社区协商民主工作，发挥好居民在
社区治理中的重要主体作用显得尤为重要。西城区月坛街
道党工委大胆创新，勇于探索，开展了议事规则的运用与
社区治理相结合的社区治理探索，逐渐探索出一条"我定
规、我来议，我做主、我来办"的城市社区"协商民主、
议治共融"新路径，形成了协商主体广泛、内容丰富、形
式多样、程序科学、制度健全、成效显著的基层协商民主新
局面。

关键词： 月坛街道　协商民主　社区协商组织体系　社区协商制度

一　研究背景

（一）调研意义与目的

1. 调研意义

开展社区协商民主工作，有利于解决群众的实际困难和问题，化解矛盾
纠纷，维护社会和谐稳定；有利于在基层群众中宣传党和政府的方针政策，
努力形成共识，汇聚力量，推动各项政策落实；有利于找到群众意愿和要求

的最大公约数，促进基层民主健康发展。总结月坛街道开展社区协商民主工作的经验做法，为西城区其他街道以及北京市和其他省域基层政府开展社区协商民主提供经验借鉴。

2. 调研目的

本次调研主要有以下几个方面：月坛街道开展社区协商民主工作的整体情况、实施效果，社区协商组织体系构成、社区协商制度具体内容，开展社区协商民主工作的具体做法，在推进过程中存在的问题和对策建议等。

（二）调研时间与过程

2017 年 12 月，课题组赴月坛街道进行预调研，调研开展方式有座谈会与实地走访等，主要采用访谈法与观察法。通过预调研，课题组成员基本掌握了月坛街道开展社区协商民主工作中的整体情况，并进行了前期的资料收集工作。2017 年 12 月底，课题组集中精力对月坛街道社区协商民主工作的相关资料进行研究，并多次召开研讨会，拟定针对月坛街道社会办工作人员、社区居民代表、驻区单位、物业公司等相关人员等的访谈提纲。此外，多次举办关于调查研究方法等的培训会，强化调研人员的基本能力与素质。

2018 年 1 月初，集中调研共一周时间，课题组通过访谈法等调查月坛街道关于开展社区协商民主工作实施的整体情况。课题组成员分别对月坛街道社会办工作人员、社区居民代表、驻区单位、物业公司等相关人员进行深入访谈，了解工作开展过程中的亮点与不足并针对问题提出对策建议。通过集中调研，课题组收集了月坛街道大量关于开展社区协商民主工作的一手资料，为后期研究奠定了坚实的资料基础。

（三）调研方法与对象

1. 调研方法

资料收集方法。本次调研采用的资料收集方法为文献分析法与深入访谈法。文献分析法主要是对收集到的中央、北京市、西城区有关开展社区协商民主工作的相关政策文件，以及对各地开展社区协商民主工作的实践性文章等进行研读与分类整理。深入访谈法主要是针对月坛街道社区办工作人员、居民代表、驻区单位、物业公司等相关人员进行一对一的结构式访谈，了解工作进展和存在的问题等方面内容。

资料分析方法。本次调研大量采用访谈法，对于访谈得到的定性资料采用归类—分析总结—分析—总结的方法进行分析。

2. 调研对象

本次调研对象涉及月坛街道社会办工作人员、26 个社区居民代表、驻区单位、物业公司相关人员等。

二 社区协商民主制度

（一）社区协商民主概述

1. 协商民主

协商民主强调的是在多元社会背景下，通过公民的参与，协商达成共识，最终形成决策结果。核心要素是协商与共识。党的十九大报告指出"协商民主是实现党的领导的重要方式，是我国社会主义民主政治的特有形式和独特优势"，我国开展协商民主，是在中国共产党领导下进行的，主要是指广大群众围绕改革发展稳定重大问题和关系群众切实利益的实际问题，在决策之前和决策过程中开展广泛协商，是努力达成共识的重要民主形式。

2. 社区协商

社区协商是基层群众自治的生动实践。在居民自我管理、自我教育、自我服务、自我监督过程中，有事多协商、遇事多协商、做事多协商，并重视吸纳利益相关方、社会组织、外来务工人员、驻社区单位参加协商。社区协商是社会主义协商民主建设的重要组成部分和有效实现形式。

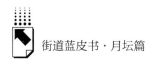

通过协商无法解决或存在较大争议的问题或事项，应提交社区居民会议决定。

（二）社区协商民主的意义

社区存在多个治理主体，如政府组织、社区党组织、社区自治组织、社区服务站、社区社会组织、社区居民及驻社区的企业和事业单位等。在社区治理中，每个主体都有责任、有权利参与社区公共事务，各治理主体之间并没有行政隶属关系，是社会化的，只有通过协商才能达到社区治理的目的。具体而言，社区党组织很多时候也并不掌握资源，只有采取协商民主的方式，才能在社区中更好地起到领导作用。社区居委会是自治组织，也不掌握行政资源，没有强制的行政约束力，在处理社区事务时，也只能采取协商民主的方式。

1. 社区利益主体的多元化需要发挥协商民主的作用

社区是社会的基本单元，随着社会主义市场经济体制的建立，人们的利益实现方式多样化，在社区里形成了多元利益主体，利益诉求更加多样。多元利益主体在不同利益观念的驱动下，有不同的利益取向，为了避免社区治理中某一决策在保护了一部分群体利益的同时又损害了其他群体利益的情况，必须在社区治理时使各个利益群体都能平等地参与到社区各项公共事务决策当中，自由地表达各自的意见和建议，并倾听他人的观点，在充分讨论、理性协商的基础上做出大家都能接受的决策。一旦社区治理中忽略某一群体的合法利益，就会影响社区的和谐。协商民主具有协调各利益主体的优势，在社区治理中加强协商民主，可以更好地促进社区民主的发展，促进社区和谐。

2. 社区流动人口的增多需要发挥协商民主的作用

当前社区流动人口日益增多，需要通过协商民主的方式，促进流动人口对社区治理的参与。随着经济的发展，城市里的用工需求大大增加，出现了大量的流动人口。另外，城市建设速度加快，居民的人户分离现象也日益突出。选举民主主要以区域为基础，以户籍为依据，在反映流动人口诉求方面作用有限，而在城市里流动人口又为数众多，如果只有选举民主，他们的一些诉求往往无法得到反映。因此，只有发挥协商民主的作用，通过协商民主的方式，使他们参与到社区治理中来。

3.社区居民需求的多样化需要发挥协商民主的作用

随着人们生活水平的提高，人们对改善社区环境、保障社区安全、搞好社区教育、倡导社区文化、提高生活质量等的要求日益增强，居民参与社区管理的自觉性和积极性日益提高。在市场经济条件下，人们的生活日益多样化，需求也不一样，社区里也出现了诸如汽车停放、绿化美化、物业管理等与居民自身的利益密切相关的新问题。社区居委会是自治组织，无法采用行政化的方法解决这些问题，这些新问题都需要采取协商的方式解决。

（三）社区协商民主的组织体系

社区协商的组织由社区党组织负责，社区居委会具体执行。社区协商的主要组织载体有社区居民会议、社区议事协商会议、社区党建工作协调委员会、社区听证会等。

1.社区居民会议

社区居民会议是社区的协调、议事和决策机构。社区居民会议可以按照自治章程制定社区工作的各项制度，依法选举社区居委会并对其工作进行评议和监督，讨论决定社区建设的重要事项等，这些过程中都存在着大量的协商。在制定社区工作各项制度时进行充分协商，可以保证各项制度的合理性。在民主选举的过程中进一步发挥协商民主作用，在候选人人选上进行充分协商，可以促进民主选举公开、公平、公正、有序进行。进行评议和监督时，进行充分协商，可以保证公正性。讨论决定社区建设的重要事项先协商后票决，避免了议而不决，提高了民主的效率，提高了协商民主的合法性和权威性。

2.社区议事协商会议

社区议事协商会议由社区居委会牵头，社区居民代表、社区社会组织、业主委员会、物业服务企业、驻区单位等各方代表参加，社区党组织起领导作用。社区协商议事会议对社区一些重大问题进行协商，通过协商，可以更好地收集社区居民群众的意见和建议，吸收更多的辖区单位和社区居民参与，实现共驻共建、资源共享，提高社区民主管理的水平。月坛作为中央国家机关政务办公集中区，社会单位也很多，各社区要注重吸收驻区单位加入社区议事协商会议，发挥驻区单位的作用，特别是作为国务院所属机构家属院的社区，更是要注重吸收国务院所属机构相关后勤管理部门参与议事协商会议，在社区事务上充分发挥作用。

3. 社区党建工作协调委员会

社区党建工作协调委员会是由社区党组织牵头、辖区内各单位党组织负责人参加的区域性协调组织。社会主义市场经济体制的建立，在社区很大程度上打破了行政化的组织体系。社区党组织和驻区单位的党组织之间不再是上下级的领导关系，社区里有很多处级单位、局级单位甚至部级单位，社区党组织不可能是它们的行政领导者，只能通过建立社区党建工作协调委员会或分会进行协商，协调驻区单位参与社区治理，充分调动驻区单位在社区治理中的作用。

4. 社区听证会

各社区在自我管理、自我教育、自我服务、自我监督中，创建了社区听证会这一有效的形式，这也是社区协商民主的一种体现。各听证会参与主体对听证的内容进行协商讨论，有时投票表决。这种做法不仅调动了居民参与社区事务管理的积极性，也使社区事务的决策和社区工作更加贴近百姓。

（四）社区协商制度

1. 关于社区协商内容

社区协商的内容要具体、明确。不可以过于宽泛，要有利于参与协商的各方了解和发表意见和建议，通过协商达成的共识可执行。社区协商的内容，可以由社区党委和社区居委会研究提出，也可由群众自行讨论提出，或者两者相结合，协商内容须先经由社区党委审定。根据协商的内容，可以采取会议协商、走访协商、书面协商、网络协商、电话协商等多种形式。鼓励和支持在社区居民会议决策之前，开展广泛充分的社区民主协商。将社区民主协商事项纳入社区民主决策程序，形成深入了解民情、充分反映民意、广泛集中民智、切实珍惜民力的决策机制。

可以列入社区协商内容的事项见图1，不得列入社区协商内容的事项见图2。

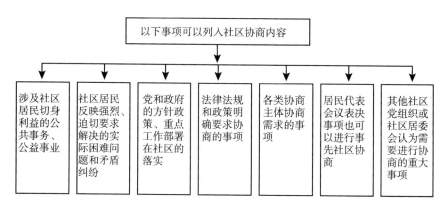

图1　可以列入社区协商内容的事项

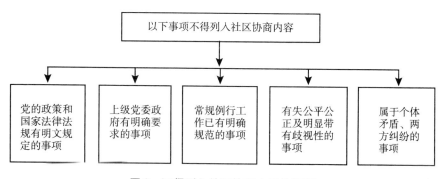

图2　不得列入社区协商内容的事项

2. 关于社区协商主体

基层政府及其派出机关、社区党委、社区居委会、居民小组、驻社区单位、社区社会组织、业主委员会、物业服务企业、当地户籍居民、非户籍居民代表以及其他利益相关方可以作为协商主体。社区协商主体的相关规定见图3。

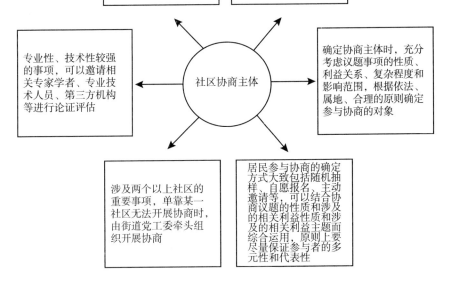

图3 社区协商主体的相关规定

3. 关于社区协商程序

一是畅通自下而上的社情民意表达渠道。加强对社区居民、社区社会组织和驻区单位的走访，听取和收集社区居民和社区不同利益方的意见建议，对群众反映的问题进行分类登记，能当场协调解决的问题立即解决。

二是确定协商议题和参与主体。针对群众反映不能及时解决的或牵涉面较大的事项，社区党委、社区居委会在充分征求意见的基础上研究确定讨论议题，议题必须是具体、明确、可操作的，一般应以书面形式提出，并列出所需要协商讨论的具体事项，根据事件性质、涉及群众数量、影响力大小等实际情况，实事求是地确定协商的范围、参与主体等具体事宜。对于涉及面广、关注度高的事项，要经过专题议事会、民主听证会等程序进行协商。

三是通报协商内容和相关信息并组织开展协商。通过多种方式，提前三天以上向参与协商的各类主体通报协商内容和相关信息，并组织参与人员与会。议事程序是先由议题提出人陈述议题，经参会人员充分讨论，确保各类主体充分发表意见和建议，达成共识，形成协商意见。记录人员要做好发言记录。对于协商参与者分歧较大的事项，可以通过无记名投票方式得出最后结果。涉及社区重大事项以及通过协商无法解决或存在较大争议的事项，应当提交社区居民会议讨论决定，形成决策方案。协商结果要报街道备案。协商结果要公示。对于涉及社区全体居民利益的，协商结果要在社区进行公示，公示期一般不少于7天。涉及人数较多的议题协商模式见图4。

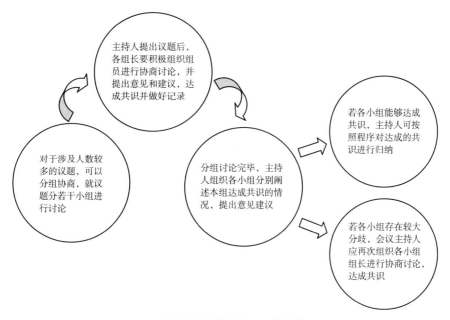

图4　涉及人数较多的议题协商模式

　　四是组织实施协商成果。确定办理责任人、办理措施，落实协商结果，并向协商主体、利益相关方和居民反馈落实情况等。协商程序一般用于社区内协商，跨社区协商的协商程序，由街道党工委研究确定。社区协商主持流程见图5，社区协商发言要求见图6，组织实施协商成果见图7。

　　4. 关于社区协商票决制度

　　社区协商票决制度如图8所示。

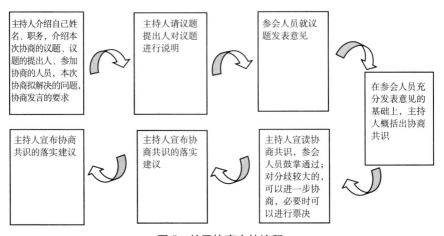

图 5　社区协商主持流程

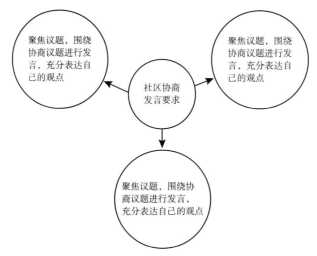

图 6　社区协商发言要求

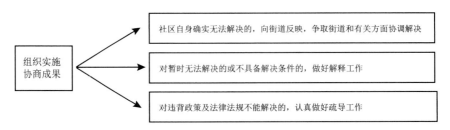

图 7　组织实施协商成果

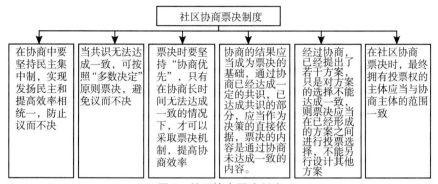

图8 社区协商票决制度

5. 关于社区协商成果运用

社区协商成果运用机制如图9所示。

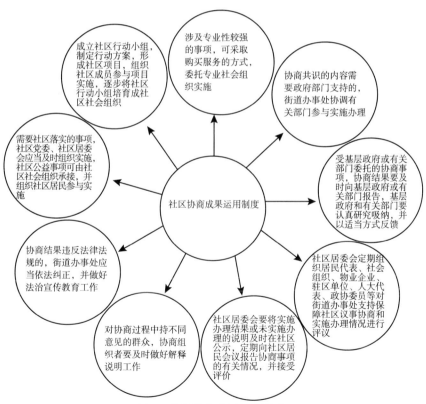

图9 社区协商成果运用制度

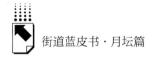

6. 关于社区议事协商会议

社区议事协商会议制度如图10所示。

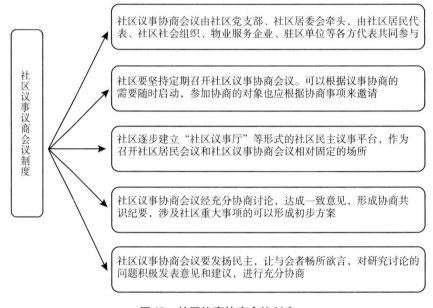

图10 社区议事协商会议制度

三 月坛街道开展社区协商民主工作的主要做法

（一）建章立制，真正让居民实现"我的规则我来定"

公开制定规则是基层协商民主的前提。在社区治理的过程中逐步探索出"居民代表常任制"的议事机制，由居民代表共同制定规则。社区每月召开一次居民代表大会，居民代表代表社区成员的意愿参与社区议事，行使表决权，有带头执行社区居民代表议事大会决议的义务，有了解社区居民委员会财务收支、民事调解、社会治安等有关社区事务管理情况的权利。

居民代表通过居民代表大会集体研究，选举产生了居民自治章程起草小组、项目评议小组、财务监督小组和资格审查小组，先后正式出台了《社区十三条议事规则》、《社区居民自治章程》、《社区居民自治"幸福资金"财务管理规定》、《社区居民自治议事代表激励制度》和《社区居民自治事务信息公开制度》等，为社区民主自治工作提供了制度保障。

（二）再造流程，真正让居民做到"我的事情我来议"

实际可操作性是基层协商民主的核心，社区通过两年的时间探索建立了居民"自己查找问题""自己提出问题""自己解决问题"的"问题菜单"议案机制，使居民在解决问题的实际过程中增强了协商民主的能力。另外，居民代表把待解决的问题通过议案的形式提交至居民代表大会进行讨论，并公开表决，最后由社区居委会来执行解决。"问题菜单"议案机制，不仅打破了以往居民任何事务都找社区的"社区包干"习惯，还创新了通过民主协商解决问题的思路。

两年来，社区协商解决了包括社区环境、公益、活动和管理等四大类的共 76 个提案，共启用幸福资金约 53.5 万元。其中，用于社区环境治理改造约 41 万元，社区居民协商民主的实操能力显著增强。

（三）切实放权，真正让居民体会到"我的社区我做主"

协商结果的落实是基层民主协商的根本。社区通过公开"政府、社区、居民"的行政职能和工作责任，明确了解民生问题解决的途径和方法，提高社区居民参与社区建设的能力和积极性，强化社区居民的"自治"意识。不仅如此，《社区居民自治章程》在明确社区居民自治工作范围的基础上，对政府职能部门理应解决的难点问题寻找正确、合理的反映途径；对街道、社区理应解决的难点问题及时协助提出问题解决方案；对应由居民自己解决的问题，根据居民自治章程和议事规则，应当充分收集社情民意，通过动议议案的方式向居民代表议事大会提出解决问题的办法，最后由居民协商民主解决。

在社区党委领导下，社区居民议事代表提议案，用规则、审议案，科学规划使用社区"幸福资金"，有效解决了弓箭坊多层小区楼梯安装扶手，许苑小区和多层小区自治等社区老大难问题。从科学地讨论问题到有效解决问

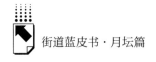

题，社区统一形成了"需求参与、自我服务、居民受益、主动参与"的良性循环机制。

（四）创建平台，真正激发居民"我的活动我参与"

为提高广大居民参与社区建设的积极性，激发居民开展协商民主工作的创造性，社区党委和居委会以满足居民多样化、个性化需求为导向，不断创新服务载体，着力打造特色服务系列品牌，来培育社区居民的主动参与意识与居民自治精神。一是通过引入"爱有戏"技术支持，以及每月定期举办以"家在月坛，情系你我他"为主题的社区义集活动，来传承社区一家亲的传统美德。二是每两个月定期为75岁以上老人举办以"长者生日会，情暖弓箭坊"为主题的老年生日会，使老人感受到社区大家庭的温暖。三是以"邻里守望情，缘聚弓箭坊"为主题，在每年的端午节、中秋节、重阳节和春节举办"社区邻里节"活动，传承邻里互助守望的精神。四是组建多种兴趣小组，以"学在弓箭坊，成长每一天"为主题，筹建社区大学，增强社区文化氛围。五是以"全民动起来，乐在月坛"为主题，开展社区文化体育活动。每月举办一次小型活动，每季度举行一次大型活动，丰富居民生活。月坛街道社区自治工作社会组织成立情况见图11。

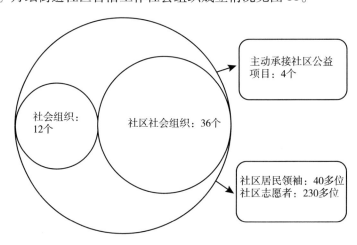

图11 月坛街道社区自治工作社会组织成立情况

月坛街道社区协商议题登记见表1；月坛街道社区协商情况见表2；社区协商表决票见表3。

表1　月坛街道社区协商议题登记

反映人		联系电话	
议题名称			
协商拟解决的问题			
拟邀请协商主体			
拟协商的时间		召集人	
社区居委会意见		社区党委意见	
街道意见	（重大议题须报街道相关科室同意）		
其他			

表2　月坛街道社区议事协商情况

议题名称			
协商时间		协商地点	
主持人		记录人	
参加人员			
协商记录	（协商记录可以另附表）		
协商结果			

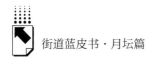

表3   社区协商表决票

协商议题			
协商初步结论			
同意	（同意请在此处打钩）	不同意	（不同意请在此处打钩）

四　月坛街道开展社区协商民主工作的主要问题与对策建议

（一）主要问题

在大力开展社区协商民主工作的同时，也会面临一些问题和难点。随着当前社会的逐步转型，社区治理的水平和方向也要有所提升。我国社区治理水平的发展相对落后，起步较晚，社区治理主体、社区管理手段相对单一、滞后，仍以强制性的行政化和法律化的手段为主，不能形成社区居民参与协商民主活动的空间，社区居民的参与性、积极性和自主性大大降低，社区协商民主未能得到有效实施。另外，社会组织不够健全、组织服务不够完善，社区职能不能得到充分体现，制约社区协商民主的发展，影响社区治理水平的发挥。

（二）对策建议

1. 高度重视，建立健全制度体系

建议区委、区政府制定出台强化社区协商民主建设的相关规范性文件，明确提高基层协商民主建设能力的总体要求、目标任务和工作机制，为推进全区城乡社区协商民主建设加强制度供给、提供政策依据。同时，成立领导小组，加强组织领导，统筹协调推进社区协商民主建设。各街道根据上级文件精神，结合自身实际，形成符合当地特色和实际的制度体系。社区作为直接实施主体，要充分认识社区协商民主建设的重要性，结合社区实际，不断完善社区居民自治制度。

2. 明确要求，规范协商民主程序

街道要提高对社区协商活动的指导和监督能力，促进社区协商民主规范化、有序化开展。一是根据各社区发展实际，合理确定协商内容。例如，居民社会保障政策落实、征地动迁政策制定、精准扶贫政策落实等涉及居民切身利益的公共事务、公益事业；街巷环境整治、小区物业管理等居民反应强烈、亟须解决的实际难题和矛盾纠纷；党委、政府的方针政策、重点工作在社区的落实等。二是协商主体的确定，要充分考虑代表性和广泛性，重视吸纳威望高、办事公道的党代表、人大代表、政协委员与老党员、老干部，以及社区社会组织负责人和社会工作者，村、社区贤达人士等参与协商。三是协商形式的选择，要结合参与主体和具体协商事项，选取适当的形式，开展听证会、恳谈会、座谈会等灵活多样的协商活动。与此同时，推进社区信息化平台的开发与建设，开通社情民意信息网络征集的渠道，为社区居民搭建网络协商平台。

3. 依法协商，强化政策保障措施

依法开展协商，规范各项议事规程，坚持协商于决策之前和决策实施之中，增强协商结果的科学性和实效性。在法律法规允许的范围内组织协调社区居民开展协商活动，确保协商成果合法有效。从人员和经费上给予社区协商民主建设充分保障和支持，在现有渠道基础上，探索社区基金会等新的渠道，为居民开展协商活动提供必要条件和资金保障。

4. 加强引导，提升协商主体能力

加大政策宣传力度，普及法律知识，培育和加强社区居民的民主意识，让社区居民广泛知晓协商民主工作，积极参与协商，提升社区的凝聚力和向心力。同时，进一步将民主渠道向下延伸，积极探索把协商民主工作下沉到小区、院落。组织开展专题培训工作，提高基层干部开展协商民主工作的能

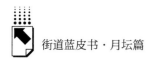

力和水平。充分发挥党代表、人大代表和政协委员密切联系人民群众的积极
作用，正确引导基层人民群众开展协商活动，营造全社会共同关心、支持、
参与社区协商的良好氛围。

参考文献

西城区月坛街道办事处：《社区协商民主工作手册》，2017 年 4 月。

海玥：《中国特色社会主义的城市社区协商民主研究》，硕士学位论文，吉林大学，
2016。

罗素平：《新时期我国城市社区协商民主研究》，硕士学位论文，江西师范大学，
2015。

张玉洁：《社区协商民主实践成效与限度研究》，硕士学位论文，深圳大学，2017。

张洪武：《协商民主从社区开始》，《重庆社会主义学院报》2013 年第 4 期。

贺国英：《我国城市社区协商民主的实践困境及解决对策》，硕士学位论文，东北大
学，2014。

蒋欢：《城市社区协商民主研究》，硕士学位论文，广西师范大学，2015。

黄建宏：《参与视角下的社区协商民主》，《重庆理工大学学报》（社会科学）2016
年第 7 期。

赵晶、张平：《社区协商民主：功能定位与平台构建》，《东北大学学报》（社会科
学版）2017 年第 6 期。

谢宇、谢建社、李夏茵：《城市社区治理中的协商民主推进战略研究——以广州社
区为例》，《城市观察》2015 年第 6 期。

案例报告

Case Reports

B.11
"中心制"下公众参与机制
构建的月坛模式

摘　要：　各级地方政府是我国社会治理创新的重要载体，在社会治理中扮演关键角色并肩负主要责任。改革开放以来，一些地方政府在社会治理中具有创新精神与使命担当，因此，我国的社会治理创新在实践层面上有不少经验和探索。月坛街道"中心制"改革和职能的重新设计正是月坛街道进一步完善街道管理体制、创新基层社会治理方式的积极探索。其中，以"发现和评价"为职能的社会建设和社会动员中心的建立，解决了社会参与机制不健全造成社会参与渠道不畅、效果不佳、受众面窄的难题，强化了社会参与基层治理的开放性，以社会参与"发现和评价"职能的履行为重点提升社会治理的民主性。

关键词：　社会治理　社会参与　发现和评价　大部制改革

一　月坛街道设立社会建设和社会动员中心的背景

（一）公众参与是社会治理的重要基石

近年来，党中央提出要加强社会治理体制创新，是站在国家治理体系与治理能力现代化的高度对当前中国社会领域问题的迫切关注和回应。政府从施行"社会管理职能"转向强化"创新社会治理体制"，治理强调的是多元主体，政府是主体，人民群众也是主体，还包括了各类社会单位与社会组织。因此，社会治理思维、手段、行为和目标都要有所调整。这就要求政府要进一步推进职能转变，在治理的思维上，应该回归到社会治理的价值理性上，不再片面追求市场化为导向的经济性思维。地方政府应转变以发展经济促进社会治理发展的思维观念，着力构建效率与公正相统一的社会治理导向机制，使社会治理成果能够均等分配，并实现与社会共享，从而回应"谁之发展"。因此，地方政府应关注社会治理的有效性和解决社会难点问题的实效性，同时也应关注社会治理方法手段的民主性和治理目标的公正性。政府要进一步转变片面强调行政管控主导的行为方式，要进一步发挥主导作用，鼓励和支持社会各方面的参与，治理行为上要重视运用平等的对话、协商与合作。由此可见，社会治理的本质，就要构建开放的治理格局，因此，推动社会的广泛参与是根本，应进一步畅通公民参与渠道等，建立并完善政府与社会力量之间互联、互补和互动的社会治理机制，从而形成社会治理人人参与、和谐社会人人共享的良好局面。

（二）月坛街道面临基层治理的严峻挑战

基层政府作为政府与人民群众间的重要连接纽带，是国家行政权力的基石。基层社会治理是社会建设的一项重大任务，是强化国家治理体系、促进治理能力现代化的主要内容，是社会治理创新的关键所在，也是人民安居乐业的基础和保障。当前，随着我国经济社会的逐步转型，各种社会矛盾凸显，利益诉求大量涌现，各种不稳定、不安全因素交织叠加，因此，基层社会治理面临的形势越发严峻复杂，多呈现出碎片化、分散化和矛盾化的特点。社会治理政府要实现的四大转变见图1。

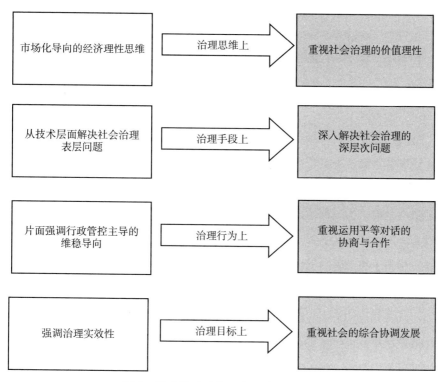

图1　社会治理政府要实现的四大转变

　　月坛地区位于中心城区，有明显的区域特点。该地区不仅中央国家机关多、家属院多；而且人口老龄化严重（60岁以上老人占总人口的6%），少数民族较多（占总体人口的6%），重点人多。因此，整个辖区贫富差距较大，地区多种矛盾频发，地区发展极不稳定。不仅如此，地区居民的利益诉求也日益多元化，对地区社会服务和管理服务的要求也逐步增高。因此，街道在管理和服务上承载着巨大压力，在社会建设方面有了更高的方向和目标。月坛街道的社会治理活动和所辖地区人民群众的生活息息相关，必须贴近人民群众的实际和需求。在当前社会阶层结构多样化、利益多元化和思想认识复杂化的社会形势下，政府大包大揽、主要依靠行政命令解决问题的管理模式越来越难以收到满意的成效，迫切需要实现从"一元"向"多元"治理的转变，这种"多元"，其根本就是要让政府进一步回归公共性的本质，是进一步推进社会治理的关键，即遵循民主行政的理念，切实表达人民的意愿、维护人民的利益，实现最广大人民的民主权利。这就需要有效动员月坛地区社会公众积极、有效地参与到社会治理过程当中，真实、合理地表达自己的意愿，正确行使并监督权力的运行。

（三）月坛试点街道管理体制改革实行"中心制"

在传统模式下，基层条块关系错位、责任与权力不对等的现象需要得到改变。这些客观因素决定了街道管理体制改革必须向重组职能、优化流程的方向发展。近些年来，我国为了进一步摆脱政府职能交叉、行政效率低下的困境，历经数次政府机构改革的探索，逐步确立了以实施"大部制"为方向的政府机构改革。2004 年，为进一步深化街道管理体制改革，推动政府管理和服务职能到位，依据上级部署的《西城区关于深化街道管理体制改革试点街道机构设置方案》，由月坛街道承接"大科部"改革的试点工作任务，主要是将工作性质、职责、任务相近的科室，以系统为单位进行整合，整合后街道形成"七部两室一中心两个事业单位"的工作格局。经过 6 年的改革试点，街道针对地区社会建设实际发展要求，进一步对机关相关内设机构进行整合、优化，统一成立了"七部二室一厅"，① 推进政府管理与服务职能到位，扩大社会参与，不断强化党委领导、政府负责、社会协同和公众参与的社会管理格局。

近年来，随着社会的发展和变化，月坛街道在总结以往改革经验的基础上，结合当前社会治理的要求、街道工作面临的新形势和新任务，调整实施"中心制"，将原来的"七部二室一厅"打破部门、科室限制，按照保障督办、监督检查、策划执行、发现评价四大职能对"八大中心"② 工作进行流

---

① "七部二室一厅"，即党群工作部、组织人事部、统筹发展工作部、城市管理工作部、公共安全工作部、社区事务工作部、社会保障工作部、街道办公室、纪检监察工作办公室、公共服务大厅。

② "八大中心"，即党群工作中心、综合指挥保障中心、纪检监察中心、综治维稳中心、城市管理中心、社会建设与社会动员中心、社会保障中心、社区服务与老龄事务中心。

程式设计（见图 2），以进一步增强街道服务管理工作的开放性与参与性，为辖区社会单位、社会组织、居民群众参与基层社会治理工作提供更加广阔的载体和平台。

在"中心制"改革后，社会建设与社会动员中心承担了"发现与评价"的职能，综合指挥保障中心承担"保障督办"职能，纪律监察与综合投诉中心承担"监督检查"职能，其他 5 个中心承担"策划执行"职能。各中心设置和职能都是开放式的。

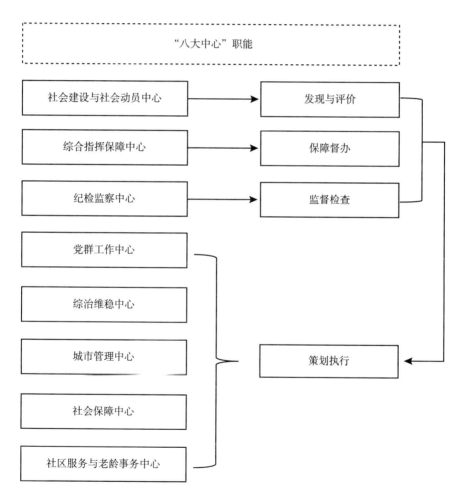

图 2　月坛街道"八大中心"的职能定位

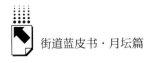

二 社会建设与社会动员中心的职能定位及运行保障

（一）社会建设和社会动员中心职能定位确立的背景

1. 促进基层居民自治

社区管理离不开居民参与，没有居民参与，社区犹如"无源之水""无本之木"。但是受传统管理体制的影响和约束，社区居民在参与社会管理过程中，自我管理、自我教育和自我服务的主动性并不明显。要改变这一现象，促进基层民主自治，需要从街道管理体制上入手，为辖区内的主体参与社会治理提供载体和平台。"中心制"改革后，发现与评价职能的履行成为居民、社会组织、社会单位反映社会服务需求，对社会治理效果反馈意见的重要通道。

2. 优化公共服务供给

目前社会上公共服务的资源配置还是以行政化为主，包括政府直接供给、政府购买服务间接供给、社区自治供给和社会组织互助。但由于不论从引导的角度还是资金来源的角度而言，政府具有很强的主导性，再加上目前我国社区自治程度弱和社会组织发育不全，社区和社会组织对政府的依附性很强，无形中增强了政府在公共服务供给过程中的支配性，导致公共服务供给供需失衡。政府如何提高公共服务供给效率，使公共服务资源能够与居民的服务需求更加吻合，实现公共服务的精准供给，必须对居民的需求进行准确把握，对项目的实施效果进行科学的评估。因此，需要进一步突出和强化街道管理体制的发现和评价两方面职能。

（二）社会建设和社会动员中心的职能定位

1. 发现职能

进一步整合多平台、多样式、多渠道的发现信息，解决发现问题没有统一归口、缺少常态化二次梳理的问题；进一步拓展社会发现问题、反映问题的渠道，扩大问题收集针对有效对象的覆盖面。月坛社会建设和社会动员中心将依托社会办、文化建设和社会组织科、统计所三支核心力量，拓展发现触角，一方面与其他中心形成问题发现的内部互联互通机制，另一方面利用信息技术等手段，与社区、社会单位、经济组织、居民个人建立畅通的问题反馈渠道，在对问题进行统一归集的基础上，借助统计手段和内外部力量，定期进行表层和深层问题分离，将深层问题向综合指挥保障中心反馈。

2. 评价职能

进一步建立科学的评价指标体系，引入第三方参与评价，加强评价的合理性；进一步提高评价的客观性，加强过程监督与控制，加强以群众满意度为导向的评价目标。以指标化评价体系构建为主线，通过对关键指标的统计性分析，对职能部门、社区日常性工作进行评价。扩大评价体系的客观性和中立性，建立一支常态化的中立性评价队伍，通过对指标体系的设计，实现对职责履行、项目推进、居民满意等情况的全程性评价。

（三）社会建设和社会动员中心的运行机制

1. 发现职能的运行机制

社会建设和社会动员中心的发现职能主要包括外部运行机制和内部运行机制。外部运行机制主要包括问题的发现与报送、问题的处理与解决、结果的反馈与备案（见图3）。内部的运行机制主要是社会建设和社会动员中心内部人员的主要职责和运行机制，包括问题的定期收集、分类梳理、筛查核实、汇总分析和整合上报（见图4）。

2. 评价职能的运行机制

根据问题的性质、难易程度、解决情况、责任主体和单位、解决结果以及居民群众和社会单位对问题解决的满意程度等，通过引入第三方评价机构、召开座谈会、问卷调查等对各类问题的处置解决情况，开展专项调查和不定期调查，进行综合评价，并定期及时将问题汇总结果、问题解决结果和评价结果等报告街道书记主任办公联席会，为领导决策提供重要参考。社会建设和社会动员中心的评价职能的评价范围主要对街道综合管理和民生服务

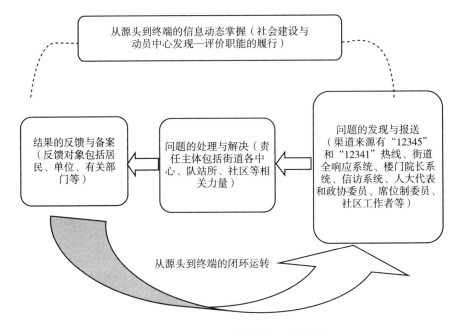

图3 "发现"职能的外部运行机制

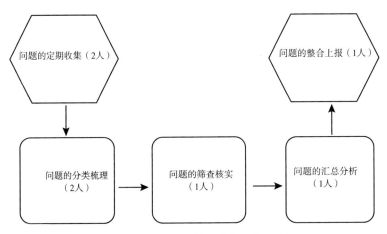

图4 "发现"职能的内部运行机制

工作进行评价，具体包括办实事落实情况评价、重点工作项目评价、民生工程评价、社区自治工作评价等。评价主体主要由居民群众、社会单位和社区组成（见图5、图6）。

办实事落实情况评价	重点工作项目评价	民生工程评价	社区自治工作评价
·实事项目的立项是否经过调查研究，是否广泛征求了社区、居民群众及社会单位的意见，实事项目是否如期开展，实事项目的进展如何，实事项目的办理结果如何，居民群众、社会单位及社区对实事项目的满意度如何等	·重点工作项目的立项是否经过调查研究，是否广泛征求民意，重点工作项目进展情况如何，重点工作项目是否完成，重点工作项目的结果是什么，居民群众、社会单位及社区对重点工作项目的满意程度如何等	·民生工程是否符合居民群众需求，民生工程是否解决了居民群众最关心最紧迫的问题，民生工程是否切实改善了民生，居民群众、社区等对民生工程的满意程度如何等	·社区自治工作是否制定了年度工作计划，社区自治工作的内容主要有哪些，社区自治工作的载体是什么，社区自治工作解决或处理了哪些问题，居民代表和其他居民群众是否参与了社区自治工作的决策、执行及监督等环节，居民代表和其他居民群众对社区自治工作的意见是否得到了充分的尊重，居民代表和其他居民群众对社区自治工作的满意程度如何等

图5 "评价"职能的主要评价内容

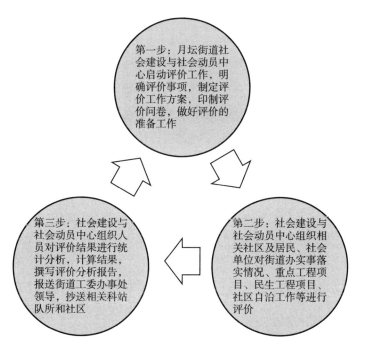

图6 "评价"职能的运行步骤

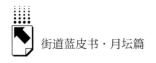

（四）社会建设与社会动员中心职责履行的相关制度保障

1. 问题发现的分类梳理和分流处置制度

社会建设和社会动员中心完善发现问题的职能职责，根据一定的流程和规则对问题进行汇总整理、分类梳理、分流处置，基于问题的难易程度、轻重缓急等因素的综合考量，确定协调相关部门解决或者上报街道书记主任办公联席会等研究提出解决路径。建立了问题分类登记制度，月坛街道梳理细化了"问题分类参考标准"，主要分为综合管理类、民生保障类和党建工作三大类（21个次级分类和105个三级分类），涵盖了社会管理的各个方面，便于每个问题按照信息元素和登记要件进行分类甄别、登记入库。要求问题收集者必须填写《问题分类收集记录单》，记录问题的来源、问题的类别、所属社区、处置情况和跟踪人。此外，进一步适应当前互联网的快速发展和应用，针对政务网、微信公众号、月坛网等其他网络渠道来源的信息建立了《网络渠道来源信息登记单》。

2. 阶段性问题集中决议制度

借助每周的中心科长工作例会，对阶段性问题的汇总报告和执行进展情况进行讨论和通报。社会建设办公室和统计所轮值，内勤做好会议记录，两个科室的科长轮流汇报上周已入库问题的进展情况、主要困难和障碍，提出解决思路和建议。同时，对新入库问题进行汇总报告。中心主任传达办公联席会会议精神，结合上级精神和中心工作进展情况，集思广益，探索解决问题的办法措施，形成会议决议，布置本周工作，推动中心工作开展。

3. 激励制度

以问题解决的成效和居民的满意度为依据，建立健全街道现有的各项评价奖励制度，鼓励发现问题、处理问题及时、力度大、成效显著的责任主体，尤其是在解决问题中建立了长效机制的责任主体。尤其是针对街道老旧小区管理中遇到的瓶颈障碍下大力气、从根本上完善机制解决问题的责任主体，参考社会建设与社会动员中心给出的综合评价和排名，进行分类奖励和资助。

三　社会建设与社会动员中心建立所取得的成效

（一）促进了社会治理主体转变，即从单一管理向多元共治转变

构成城市的不仅是由钢筋水泥所建的道路桥梁和高楼大厦，更是生活在其中的广大市民。他们是城市的主体，更是城市的治理者。要想让城市宜居，就要承认城市居民的主体地位，尊重他们的意愿，以居民需求为导向，在治理中不断征求居民意见，多与居民协商。特别是像北京这样的超大型城市，城市治理问题复杂，仅仅靠政府的力量很难开展治理工作，也难让居民有切身的获得感。月坛街道社会建设与社会动员中心的成立，以及发现与评价职能的确立，具有自下而上和多向互动的特点，即更加强调社会多元主体的参与，力求最大限度地吸收市民参与到城市治理当中，做到"统筹政府、社会、市民三大主体，提高各方推动城市发展的积极性"，探索城市多元共治的创新路径。

（二）促进了社会治理重点的转变，即从侧重事后处理向更加重视源头治理转变

日常生活中，私占小区绿地资源、噪声扰民、争抢车位以及乱丢垃圾、违章搭建等现象逐渐成为激发社会矛盾的常见问题。月坛街道社会建设和社会动员中心的"发现"职能，鼓励并搭建了社会公众反映问题的渠道，使问题和隐患能够在第一时间发现并排除，实现了矛盾化解提速增效。与此同时，通过建立完善问题分类和分流调处机制，畅通居民反映意见渠道，在街道"中心制"改革的基础上加强街道各部门间的协调配合，理顺了街道各科室的职责，从根源上化解了街道科室职责不清，处置不及时、难到位等问题。此外，"评价"职能的建立，重视事件处理及街道社区相关工作的公众反馈，有利于街道社区了解工作中的不足，进一步改进和完善相关工作制度，防微杜渐。有力地促进了社会融合，不仅如此，居民的生活诉求和邻里

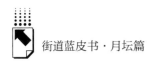

的琐事大多在"发现"中收集、协调与解决，在评价中不断改进完善，社会事务公众的参与度和满意度不断提升。

（三）促进了社会治理手段的转变，即从侧重党政作用向更加重视党政主导、社会共同治理转变

充分发挥党委政府在城市治理中的主导作用，全面动员和引导广大居民群众积极参与到社会治理当中，不断完善多元共治的治理机制，形成治理合力，构建政府主导、社会共同参与的治理局面；引导居民参与到社会公共事务管理当中，切实保障了居民各项权利，包括知情权、决策权、监督权和管理基层公共事务、公共事业的权利。在协调公众利益、化解居民矛盾、提供服务保障、维护社会环境等方面也取得了卓越的成效，不仅促进了居民的参与互动，增强了居民的个人责任感，还强化了月坛地区的凝聚力。只有公众的积极参与才能使社会治理趋向良性发展，进一步推动国家治理能力的不断提升。

四 社会建设和社会动员中心建立的启示

（一）为扩大公众有序参与社会治理提供了有效途径

当前，广大人民群众的自主意识、权利意识及法律意识都在不断增强，参与到包括社会治理在内的社会事务当中的意愿更加强烈。因此，基层政府要顺应形势发展，积极广泛地动员和组织广大居民群众参与到社会治理中，在各个层面、各个领域支持与推动公众实现自我管理、自我服务、自我教育和自我监督。月坛街道在街道管理体制改革的大背景下，以建设现代化社会治理体系为目标，探索街道管理体制改革，建立社会建设和社会动员中心并健全评价和发现职能，亮点在于：坚定不移地动员和依靠人民群众，充分调动人民群众的积极性、主动性、创造性，充分发挥他们的主体作用，使基层社会治理建立在坚实的群众基础之上，创新了公众参与社会治理的有效机制和社会治理多元主体间的良性互动。

（二）赋予街道管理体制改革以新的时代内涵

月坛街道建立社会建设和社会动员中心的创新之处就在于：把街道封闭的、内部的体制改革，运用社会治理思维，注重引入社会公众参与，在体制机制上就注重构筑更为开放的社会治理格局，科学地进行顶层设计。街道职能价值不再是"以政府为中心"，而是"以社会为中心"，弥补了街道社会职能这一"短板"。在发现与评价职能履行的实践中，社区居民、组织和社会单位不再是被服务、等服务的消极对象，而是服务的积极参与者，是问题的发现者、成效的评价者，实现了街道从"全能政府"向"效能政府"的转变。为公众参与提供了有效路径及制度保障，政府依法行政变得更加公开透明，公众参与社会事务的主动性和积极性得到了释放。

（三）体现了基层民主建设的基本要求

工作满不满意、服务到不到位，社区建设好不好，群众说了算。引导群众用民主表达自己的意见和意愿，这是社会建设和社会动员中心成立的初衷。以社会建设和社会动员中心为阵地而建立起居民、社会组织、社会单位反映社会服务需求，对社会治理效果反馈意见的重要参与机制，有效强化政府和社会更加强调通过平等交流和民主协商来解决一切社会事务，通过积极探索和实践，不断丰富民主形式，推动社会治理方式民主化、制度化、科学化。有利于各方面诉求充分得到表达，通过民主协商达成共识，有效推动不同利益主体进行深度融合，使基层民主进一步扩大，不断夯实基层社会的民主基础。

参考文献

石晶：《中国公众的政治参与观念调查报告（2016）》，《国家治理》2016 年第 23 期。
胡仙芝：《公众参与制度化：社会治理创新的突破点》，《人民论坛》2014 年第 1 期。

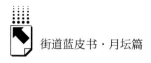

郭小聪、代凯：《近十年国内公民参与研究述评》，《学术研究》2013年第6期。

杨采琴：《论公众参与社会管理的困境》，《求索》2012年第1期。

林冠平：《地方政府创新的现存障碍与推动机制》，《中国行政管理》2014年第2期。

甘泉、骆郁延：《社会动员的本质探析》，《学术探索》2011年第6期。

邹奕、杜洋：《"社会动员"概念的规范分析》，《天津行政学院学报》2013年第5期。

莫文竞、夏南凯：《基于参与主体成熟度的城市规划公众参与方式选择》，《城市规划学刊》2012年第4期。

吴祖泉：《解析第三方在城市规划公众参与的作用——以广州市恩宁路事件为例》，《城市规划》2014年第2期。

郭小聪、代凯：《政府对公众参与的策略选择——一个"轮流出价博弈"的分析框架》，《中国人民大学学报》2014年第4期。

B.12
社区文化建设路径与思考

——以月坛街道为例

摘　要： 社区文化的产生和发展是社会文明进步、城市形态转变的重要产物。社区文化建设是城市现代化建设不可或缺的一部分，同时社区自身的发展也离不开社区文化建设。社区文化建设对于加强社会主义精神文明建设具有重要意义和作用，在推动社区和谐发展方面发挥重要的积极作用。本报告根据月坛街道围绕五大文化、注重五个结合，从而推动社区文化建设发展的具体经验、做法以及取得的成效，梳理、总结社区文化建设应进一步增强居民参与社区文化的意识、完善社区文化建设条件、打造社区文化建设的良好氛围、健全社区文化建设载体和提高社区综合服务能力五方面的经验启示。

关键词： 月坛街道　社区文化建设　社会组织

一　月坛街道社区文化建设的相关背景

（一）社区文化具有六个方面的重要功能

1. 社会沟通功能

社区文化不仅具有增强社区内的人际交往的功能，还有助于社区与社区、社区与社会之间的沟通。它是社区居民之间互相联络、增进感情的平台，更是社区居民之间加深了解、沟通关系的纽带。

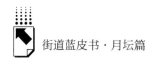

2. 整合功能

社区文化具有整合功能。社区文化的建设发展可以使一个社区的道德、风俗和价值观念基本上趋于一致。

3. 导向功能

社区文化具有导向功能。一个社区一旦形成富有特色的社区文化就可以指导社区居民按照社区文化的价值观去行动。

4. 文化传承功能

社区文化具有传承功能。社区文化对社区居民成长和发展具有重要作用。一个好的社区应该具有比较充足的娱乐和体育的场地设施和设备,应该经常举行多种多样的娱乐健身活动。

5. 教育功能

社区文化具有教育功能。社区文化具有陶冶人、锤炼人、教育人的作用,社会文化生活越丰富,居民参与越广泛,社区居民的文化水平就越高,人的道德素质和全面发展程度就越高。

6. 协调发展功能

协调发展功能可以表现在社区文化的经济和环保功能上。社区文化产业是社区经济的重要组成部分,社区文化的环保功能既是生态的又是社会的。

(二)社区文化建设存在社区人员素质参差不齐的困境

1. 社区成员素质差异

社会体制改革改变了社区成员结构,即越来越多的“单位人”退休下岗后转变为彻彻底底的“社区人”,大量外来人员通过购置房产、工作关系和亲属投靠等方式在社区落户,成为新“社区人”。这些人有不同的文化教育背景和价值观念并集中在社区,产生碰撞,而现有的社区文化发展现状跟不上现有观念的融合。

2. 人们理解力的偏差

社区文化是一个综合概念,是传统文化与现代文化、精神文化与物质文化、社区特色文化与外来文化的结合。当前社区文化主要包括社区精神文明、社区教育、社区科普、社区文艺和社区体育等不同文化内涵和形式。人们对社区文化的理解存在一定偏差，认为社区文化就是广场文化或歌舞晚会。因此，社区文化发展极为不平衡，难以满足不同层次居民的要求。

3. 社区服务单一

社区服务是社区发展建设的根本。目前社区服务业相关的优惠政策比较少，限制了社会各个方面对社区服务业的投入和建设，与社区居民日益增长的物质和精神需求极不匹配。当前社区服务业发展大多属于政府行为，还未向社会化、产业化和实体化功能转变。因此，社区文化应强化政治形态、社会价值观和技能培训等方面的宣传和教育，使社区文化向多元化发展。

4. 宣传教育力度不够

社区的发展建设是社区成员参与的过程。目前社区居民、驻区单位和社团组织等对社区的认可和参与程度并不高，未形成共驻共建的良好氛围，社区资源也未得到充分利用。归根结底，是社区在宣传教育方面的推广工作还不够，导致在社会发展建设中出现了"上热下冷"局面，造成社区参与者对社区建设的积极性不高，缺乏对社区的认同感和归属感。

5. 社区自治理念不清

目前社区行政事务类工作过于繁杂，导致社区居委会的职能越来越被弱化，不能充分发挥其应有的作用。社区自治的理念逐渐被架空，社区居民对"民主选举、民主决策、民主管理、民主监督"和"自我管理、自我教育、自我服务"没有统一认识，不能满足居民在物质和精神方面的追求和发展。

（三）月坛街道社区文化建设的现实基础

1. 地理优势

月坛地区有白云观、中国道教协会会址、月坛公园、真武庙，同时首都博物馆、月坛体育馆正在建设中。有中央国家机关23个、大学1所、中小学9所、专业文艺团体2家、少数民族7个、商业楼宇13座、"两新"组织1480家。古迹文化、宗教文化、民俗文化、校园文化及少数民族文化异常突出，政府、企事业单位、教育界、文艺界等社会各界均关注文化发展。历史文化与现代文化、民族文化与国际文化融合发展，形成独特的月坛文化，颇有发展趋势。

2. 人文优势

作为首都中心城区，月坛具有开放性的优势。虽然具有多种多样的服饰、饮食和生活习惯等，但最突出的是月坛街道人口文化水平较高，其中，大专以上文化程度人口占 26.3%，拥有一批科学技术及文学艺术骨干，对新生事物接受能力较强，形成人才网络分布。国际文化经济交往，带来多国文化的积累，使月坛居民有机会吸取优秀的现代文化。国际交往多，见识广，包容性大，将现代文化与历史文化相结合，使月坛地区人才辈出，厚积薄发，在社区文化建设中充满后劲。

3. 志愿者优势

月坛街道每个社区都活跃着一批文化志愿者，他们又带出一批文体骨干，使社区各方面人才济济。如居民自发成立社区志愿队，穿上红马甲，站岗巡逻，清洁环境，捐款捐物，娱乐文体，帮扶弱者，见义勇为，义务教学，维护权益。党员、归侨侨眷等为灾区捐款捐物；在职党员为居民办实事，维护居民合法权益。有专长的文化志愿者办社区大学、绘画社、工艺社、摄影沙龙等。文化志愿者团队，如艺术团、合唱团、舞蹈队、诗社、绘画社及工艺社等，以饱满的热情奉献了许多丰富多彩的群众性文化活动。有的文化团队到人民大会堂、国家大剧院、中央电视台和北京电视台演出，受到社会好评。

4. 宣传优势

月坛有四个宣传载体。一张报纸《人文月坛》，一支百姓宣讲团，一套"穿过幸福时差"[1] 系列丛书及《月坛诗集》，一批文化团队。四个宣传

---

[1] 月坛街道"穿过幸福时差"系列丛书截至 2017 年已经成功出版 7 本，每年一个主题，深入挖掘月坛地区身边人、身边事，包括记录月坛人文历史的"听月坛老人讲故事"、记录 90 位月坛老党员光荣与梦想的"红色故事会"、讲述社区治理的"小巷总理"、温暖内心的"月坛好人"、纪念抗日战争胜利 70 周年的"永不磨灭的历史"，以及以诚信为主题的"坚守的承诺"。

载体有一个特征，即服务社区，贴近生活，贴近实际，贴近群众，通过各种形式发挥舆论引导作用。每到星期五《人文月坛》发行日，居民主动找来报纸，阅读议论，几百名义务通讯员用通讯报道传递党的政策，传递北京市及西城区和街道的有关信息，传播居民身边的新闻、故事和好人好事。

二　月坛街道社区文化建设的相关举措

（一）围绕"五"大文化，打造社区文化

1. 环境文化

社区环境是社区文化第一层面。它是由社区成员共同创造并维护的，它是自然环境与人文环境的结合体，它是社区精神物质化和对象化的具体体现，是文化发展的成果。按照西城区"创建学习型社区评估指标体系"的要求，它主要包括学习、生活环境和生态环境。如结合文化建设，开展主题宣传活动，社区办好图书室、活动站，设有橱窗、板报等文化设施，并经常更新。居民创造低碳生活，建设生态文明，营造全民学习、终身学习的良好氛围。通过社区环境，可以感知社区居民的兴趣爱好和精神面貌，创建文化载体，建立和完善社区文化设施，使小区文明整洁、资源合理利用、生活舒适便捷、形成环保意识。如在服务型社区基础上，创建学习型社区，倡导终身学习。组织学习、弘扬北京精神，以认知、践行和引领三个环节为重点，引领居民提升综合文化素质，加强对青少年教育，优化社区文化发展建设环境。

2. 制度文化

制度文化是社区成员在学习、生活、娱乐和交往等活动过程中形成并发展的。按照西城区"创建学习型社区评估指标体系"的要求，月坛街道有7个社区建立与北京精神相适应的社区学习规划、道德准则和生活准则等社区文化建设机制，创建学习型社区，以群众满意为评价标准，

纳入社区整体工作计划，制定学习型社区实施方案，制定学习制度、教育培训和自评工作制度。社区建立市民文明学校，制定住宅小区居民精神文明公约等。明确责任主体定位，统一规划协调。职能部门履行社区文体设施建设和监管，指导推动社区文化工作开展。引导居民终身学习，提升居民综合素质，自觉遵守各项规章制度，维护公共秩序和爱护公共财物，提倡居民邻里互助、文明居住、关心孤寡老人和残疾人等，为社区文化建设提供制度保障。

3. 激励文化

激励是文化建设发展的动力保证。对坚持社会主义先进文化、群众满意的文化活动，以及创新文艺作品和文化团队进行表彰和奖励，激发积极性和创造性，促使其出人才、出好作品。方法采取群众评价、专家评价和活动成果相结合，建立公开、公平、公正的评奖机制，给以精神激励和物质激励，推进文化建设有序发展。

4. 精神文化

精神文化是社区文化的核心，往往要多年积累，逐步形成。精神文化与社区文化建设相结合，才会引领社会思潮。学习、践行北京精神，月坛街道以创新的形式，开展不同类型的文化活动以满足国家、社会及市、区、街道不同时期的任务和要求，直接影响社区的发展和群众的思维导向。以包容、厚德的胸怀，在全社会形成统一的指导思想、共同理想信念和基本道德规范，使社区文化建设有队伍、有人才、有目标，活跃群众文化生活，有效地引导各民族居民，提升社会主义精神文明素质、法制观念，共建文明道德风尚。

5. 行为文化

社区里不但要有精神文化，也要有行为文化。所谓"行为文化"，即社区成员在交流、学习、娱乐、生活和经营等行为过程中产生的，反映社区的精神面貌和人际关系。学习北京精神，以爱国、创新、包容、厚德为主要内容，增强公民意识，善解社情民意，倾听群众诉求，推进社区民主法治和道德建设，形成价值取向、行为规范、公共文明的社会风尚。如少数民族社区，每年举办"开斋节"，举办适合少数民族习俗的文化活动，将北京精神转化为广大居民的人格素养和行为习惯，融入社区建设之中，成为自觉行动。

（二）注重"五"个结合，推动文化建设和社会建设一体化

1. 社会组织与社会领域相结合

由社会组织进行社区文化建设的服务管理，也就是由社会组织出面，打破街道与社会界限、年龄与职业界限，利用自身的资源、知识和文艺优势提供社会公共服务。如月坛建设协会、文联、老龄协会一年一度举办的"红歌会"，国家发改委、财政部、国家工商总局、中国科学院、公安大学、铁路文工团、金助友家政有限公司等联合参加。舞台上，不同阶层、相同爱好的科学院院士、专家学者、教授、国家干部、保姆、社区居民和中小学生等1500余人，一起唱歌、跳舞、诗朗诵，互相观摩，相得益彰，丰富了群众的精神文化生活，延伸了社会文化链，充分发挥社会组织的专业优势，提升自身能力和公信力，赢得社会承认。有效承接政府委托的社会服务管理项目，完善政府购买公共服务政策，吸引更广泛的社会资源，投入公共服务领域，可以把分散的个体黏合成一个强大的集体，也可以把有限的个体力量变成强大的集体合力，使之成为有序化、统一化、整体化的过程；使组织整合功能有效发挥，有利于组织目标的实现。

2. 老中少相结合

七八年前，社区文化团队大部分由五六十岁的退休中老年人组成。最近几年，月坛地区四十多岁的中年人也加入进来，有的在职人员也加入其中。一群有文艺爱好、文化审美追求的人组成了各类文化团队。社区书画社、诗社等就是由老年和中年共同组成的。他们的作品有的在报刊上发表，有的参加社会上举办的笔会。这两年，由建设协会文联分会创作、社区八九岁小学生朗诵的儿童诗《月坛小孩》《我要继承》，由中年退休干部朗诵的《北京精神》，由十三四岁中学生表演的舞蹈《闪闪的红星》，均在红歌会上演出。儿童的家长也大力支持孩子们参加排练。孩子们用纯真的童心朗诵，使传统教育得以健康传承。

3. 大与小相结合

这里说的"大"是大型文化活动,需经过专门的策划组织,参与者广泛,影响面广,如建设协会举办的红歌会、大舞台会演、笔会,以及夏日广场等。"小"是小型文化活动,即那些常规的、每日或每周开展的社区活动,如社区合唱团、舞蹈队、沙龙等,利用已有的资源,从本社区实际出发,把不同兴趣的群众吸引到活动中来,获得感情上的共鸣,保障群众基本文化权益。

4. 雅与俗相结合

在文化活动中,雅俗共赏是多元化发展的需要。既有下里巴人,又有阳春白雪;既有群众性自娱自乐、单打一,也有精品力作、多样化,兼顾不同类型的文化形式,满足人们日益增长的审美需求,创作更多优秀文艺作品,讴歌时代和人民。月坛街道社区文化团体,如诗社、书画社,工艺社等,创作群众喜闻乐见的文艺作品,在西城区、北京市参展,不断提升文艺创作和演出水平。月坛文联出版的《月坛诗集》,邀请老前辈、老艺术家参与文化活动。著名电影艺术家、在电影《烈火中永生》饰演江姐的于蓝,原延安鲁艺合唱团团员、在冼星海指挥的《黄河大合唱》中担任领唱的离休干部曾艺,还有高级工程师、教授和干部等 100 余位离退休人员为《月坛诗集》创作、发表 100 余首作品,留下珍贵的优秀诗篇。

5. 业余与专业相结合

月坛有两个专业文艺团体,铁路文工团、广播艺术团。社区文化团队排练声乐、舞蹈和小品等,邀请铁路文工团演员辅导。月坛建设协会举办红歌会和文艺演出,邀请铁路文工团和广播艺术团演员参加。举办文化养老论坛和评选金辉老人等,邀请专业曲艺演员创作并演唱了单弦《文化养老》。举办文艺擂台赛,邀请二炮文工团等担任评委,点评参赛节目,提出改进建议等。社区文化团队与专业文艺团体结合,已形成社区文化活动的规模,成为公益性文化团队。在专业老师指导下,艺术团、合唱团、舞蹈队等深入基层慰问演出,被评为北京市及西城区品牌文化团队。

三　月坛街道社区文化建设取得的成效

（一）传播了主流文化

百姓宣讲团成立两年多以来，5 名离退休老同志走基层，听民意，宣讲党的方针政策、社会伦理、文化养老及青少年健康成长等知识和信息，弘扬信念、责任和理想，使 26 个社区近万人次受益。"文集"解读建党 90 年来共产党人的成长历程。文化团队经过近 10 年的磨砺、成长，发展到 200 余支，活跃在基层，在舞台上用文艺传播精神文明。最近，"唱响北京精神，打造人文月坛"演唱会已经启动，发挥文化团队作用，弘扬、践行北京精神。四个宣传载体丰富居民精神文化生活，传播优秀传统与时代风貌，为社区文化建设，提供了强大的舆论动力，增加了社区文化含量。

（二）营造了社区的和谐氛围

居民是构建和谐社区的主体，社区文化建设是关系每个社区居民切身利益的事务，月坛街道通过组织多种形式的文化活动，营造了一种和谐、友好的气氛，尤其发挥了驻区文化资源优势。由社区文艺骨干带动社区居民，由相同的品位、相同的社会地位的社区居民共同建立和睦的社区人际关系，从而形成了良好的社区人文环境，邻里之间守望相助、互相友爱、健康向上，使得人可以从压抑感和不安全感中解放，有助于营造和谐的社区氛围。

（三）畅通了社区多元互动交流

通过开展社区文化活动，组织社区文化宣传教育，密切了居民、驻区单位、政府间的往来，为互相之间的沟通提供了渠道，有利于加强社区管理者与居民间的互动交流，有利于强化驻区单位与居民间的共驻共建，有利于加

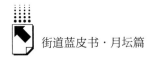

强社区居民间的沟通了解，化解矛盾，有利于社区居民自治的建设发展，增
强社区居民对社区的认同感和归属感。

（四）扶持了社区社会组织的发展壮大

月坛街道充分发挥社区文艺骨干的积极作用。社区居民在自娱自乐的过
程中，逐渐在社区组成了一批文艺团队。这些文艺团队在多种类型文化活动
的策划、组织、实施过程中得到了锻炼和学习，促进文艺团队逐渐规模化、
正规化。与此同时，在月坛专业社会团体的带动下，社区文化团队正在朝着
专业化方向发展。社区文化建设的同时，无形中为社区社会组织建设发展创
造了条件。目前，月坛地区共有文体类社会组织137个，占月坛地区社会组
织一半以上。

四　月坛社区文化建设的启示

（一）提高社区居民参与社区文化的意识

社区文化建设的目标之一是要在社区成员中确定共同的价值目标，发挥
社区成员的参与精神与互助精神，增强对社区的认同感和归属感。与此同
时，社区应从本身的地域环境、历史文化和社区成员的文化价值取向等实际
情况出发，培养并形成个性鲜明的社区精神。因此，要结合社区成员的实际
需求，开展形式多样的文化交流和宣传教育。通过问卷调查、座谈和访谈等
形式充分了解社区成员闲暇时间和兴趣爱好等。在内容上要满足社区成员实
际需求，在形式上要做到大、中、小型统筹兼顾，在方法上要将社区文化、
企业文化和校园文化等融合，在对象上要注重在职职工的广泛参与，共享社
区文化成果。

（二）优化社区文化建设条件

社区文化建设的可持续发展，要做到符合"三个到位"，解决"三个难

题"。"三个到位"即组织领导到位、责任落实到位和网络建设到位，"三个难题"即政策难题、场地难题和资金难题。

组织领导到位，即建立以社区（街道）党工委、社区党支部、驻区单位和离退休老党员共同参与建设的多渠道和多层次的社区文化组织领导机制，形成以社区（街道）党工委牵头、社区主办和辖区单位共驻共建的社区文化建设新格局。责任落实到位，即在社区文化建设中，应加强责任意识，充分落实责任机制。网络建设到位，即应积极打造并健全社区文化活动中心、社区活动指导站或活动点，指导社区文化建设和谐有序开展。解决政策难题，即政府应完善相关政策，使社区文化工作有纲领可循，有章法可循。解决场地难题，即应将开展社区文化活动的场地建设纳入规划，相关物业管理部门要有计划、按步骤地对社区文化设施加以改造，充分提高社区文化设施的利用率，使露天广场、庭院和架空层发挥作用。解决资金难题，即要形成物业管理部门划拨部分管理经费、企事业单位支持配合、个人赞助和社区文化建设活动的受益者或参与者出资的模式。

（三）营造社区文化建设的良好氛围

在社区文化发展建设过程中，要充分挖掘社区文化资源，以社区共建为目标。驻区单位可向社区居民开放本单位资源，主要包括体育场馆、计算机房、钢琴教室、图书馆、阅览室、操场和礼堂等。不仅如此，还可组织党员志愿者共同成立社区文明讲师团，为社区居民提供科普教育服务；还可依托市民学校，创建社区思想政治教育阵地，邀请并组织社区内的专家、学者和老党员到社区讲课，传播先进文化知识，提高社区居民的整体素质和涵养。在讲课内容上，重点以社会主义、爱国主义和集体主义教育思想为主线，大力弘扬主旋律。同时，以家庭为依托，深入组织开展以思想道德、家庭美德和社会公德为主的"三德"教育。在讲课方式上，运用各种通俗易懂和居民喜闻乐见的形式，主要以展览会、知识讲座、报告会和读书演讲比赛为主，通过传播先进的文化来教育人、引导人（见图1）。

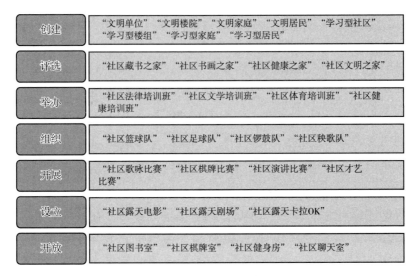

创建	"文明单位" "文明楼院" "文明家庭" "文明居民" "学习型社区" "学习型楼组" "学习型家庭" "学习型居民"
评选	"社区藏书之家" "社区书画之家" "社区健康之家" "社区文明之家"
举办	"社区法律培训班" "社区文学培训班" "社区体育培训班" "社区健康培训班"
组织	"社区篮球队" "社区足球队" "社区锣鼓队" "社区秧歌队"
开展	"社区歌咏比赛" "社区棋牌比赛" "社区演讲比赛" "社区才艺比赛"
设立	"社区露天电影" "社区露天剧场" "社区露天卡拉OK"
开放	"社区图书室" "社区棋牌室" "社区健身房" "社区聊天室"

图 1　社区文化部分载体

（四）力求服务多样化，提高社区综合服务能力

加强社区文化服务，创造良好的社区环境，切实解决社区成员最关注的问题；针对社区成员的文化需求，开展多种形式的文化交流活动；充分挖掘社区文化资源，形成社区文化特色，激发社区成员的参与热情。社区文化活动是丰富人民群众思想感情、陶冶道德情操、增强社区凝聚力的重要形式，思想道德建设要以文化活动为抓手，充分利用重要节日、纪念日以及空闲时间组织开展健康有益、丰富多彩的文化、体育、娱乐活动。要结合社区居民的生活习惯，做到动态活动与静态活动相结合，开展形式多样，内容创新的活动（可搞一份社区居民文化需求民意调查表，多针对群众关注的焦点问题）。多渠道拓展社区文化服务范围，开展饮食、家庭装饰等服务型活动。通过物质、文化两方面有效的服务，提高社区对其成员的凝聚力和成员对社区的认同感。

（五）积极发挥社会组织参与社区文化建设

新的社会形势下，群众对公共服务需求的项目越来越多，对服务质量的

要求也越来越高，政府所提供的公共服务不可能面面俱到。这个时候，就需要社会组织来承担一部分公共服务职能，辅助和协同政府为群众提供更加周到便捷的高水准、高品位的公共服务，提高居民的幸福指数。社会管理创新中，在引导社区社会组织协同政府充分发挥社会服务功能方面，有很多工作可做，还可以大有作为，社会组织参与社区文化建设最为突出和最为活跃。文化类的社会组织发源于社区，与社区事业互动发展，可以更好地融入社区，了解社区需求，缓解了社区缺乏专业人才的困境，对社会组织管理和社区文化建设进一步拓展一项基础工程，培育和发展社区社会组织具有重要的时代意义和现实意义。

参考文献

刘华涛：《社区文化建设中政府责任的定位与建构》，《理论导刊》2016 年第 5 期。

周红：《对加强社区文化建设的思考》，《大众文艺》2017 年第 2 期。

吴存兰：《姜堰区社区文化建设的困境与对策》，《产业与科技论坛》2017 年第 20 期。

秦子涵、黄礼科、欧阳文君：《社区文化建设的问题与对策探讨》，《农村经济与科技》2017 年第 10 期。

陈光：《新时期的社区文化建设与服务研究》，《黑龙江科学》2017 年第 19 期。

刘华涛：《社区文化建设中政府责任的定位与建构》，《理论导刊》2016 年第 5 期。

谌卉珺、潘竹君：《社区文化建设低度参与困境研究——以无锡市 Y 街道为例》，《吉林省教育学院学报》2017 年第 12 期。

冷静静、蓝鹰：《自组织机制视角下的社区文化建设研究》，《四川劳动保障》2016 年第 s2 期。

王泽嫣：《加强社区文化建设、构建文明和谐小区的对策》，《中外企业家》2017 年第 6 期。

黄小军：《社区文化建设中居民幸福感影响因素实证研究》，《福建论坛》（人文社会科学版）2014 年第 10 期。

B.13
月坛街道人大代表换届选举工作的
实践创新

摘　要： 人大代表选举制度既是我国人民代表大会制度的组织制度
　　　　　基础，也是我国社会主义民主政治的重要组成部分。做好
　　　　　人大代表换届选举工作，对巩固国家基层政权、强化党的
　　　　　执政地位、维护人民当家做主、推动区域经济发展，具有
　　　　　十分重要的现实意义。月坛街道 2016 年人大代表换届选
　　　　　举工作是 2015 年选举法新修订后的第一次代表选举工作，
　　　　　具有一些新特点、新思路和新探索，现进行实践经验分析
　　　　　总结，探讨完善人大代表选举制度的方法措施。

关键词： 月坛街道　人大代表　换届选举

一　月坛街道选民情况

月坛街道 2016 年共登记选民 91225 人，较上届选民登记人数提高
了 6%。参加投票选举的选民共 88671 人，参选率高达到 97.2%。其
中，共推举出 55 位正式代表候选人，有 37 人当选。在当选的新一届人
大代表中，在年龄结构方面，36~55 岁的共 34 人，占比为 91.9%，56
岁以上的共 3 人，占比为 8.1%（见图 1）；在政治素质方面，中共党员
共 28 人，占比为 75.7%，非中共党员共 9 人，占比为 24.3%（见图
2）；在男女比例方面，男性共 25 人，占比为 67.6%，女性共 12 人，占
32.4%（见图 3）；在民族构成方面，少数民族共 2 人，占比为 5.4%

（见图4）。在年龄结构、政治素质、构成比例、文化程度等方面均较为
合理，符合法定要求。

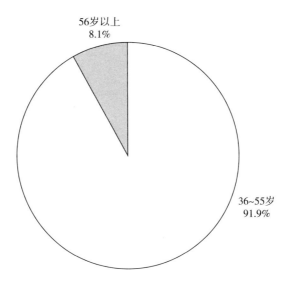

图1　人大代表换届选举年龄结构

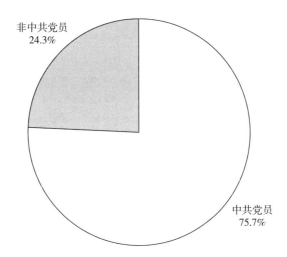

图2　人大代表换届选举政治素质

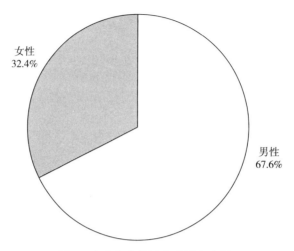

图3　人大代表换届选举男女比例

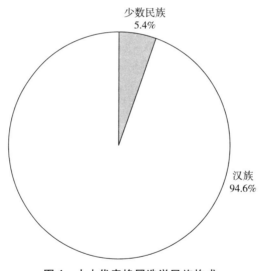

图4　人大代表换届选举民族构成

二　月坛街道选举工作做法

月坛街道2016年人大代表选举是选举法新修订后的第一次人大代表换届选举。与以往不同的是，选举过程中新增加了网络登记选民以及考察人大代表的环节，月坛街道根据各个选区的情况和特点，做到街道落实"规定动作"有亮点，实施推进有创新。

（一）强化组织领导，落实协调责任到位

各级党组织以高度的政治责任感加强领导，在各环节都注重结合党员的党性意识培养，结合"两学一做"教育实践活动，注重结合对党务工作者的培养锻炼，提高各级党委班子的整体素质，确保选举工作保障协调落实到位。

1. 组建选举工作组

街道成立了由工委书记担任主任的西城区选举委员会月坛地区分会，制定了严密的、可操作性强的人大代表换届选举工作方案，设立选举工作办公室。分会划分了 18 个选区，设立了 41 个登记站，抽调 50 名机关干部负责 18 个选区的工作（见图 5）。从辖区单位抽调了 31 名干部，协助工作组在所在单位开展工作。从月坛社会调查队抽调了 12 名有丰富入户登记和数据统计经验的调查员，充实到月坛分会 12 个混合选区工作组中。各选区都坚持提前部署、周密安排，选派有经验的同志参加换届选举工作。

2. 培训工作人员

使工作人员全面把握法律法规，深刻领会指导思想和工作原则，准确掌握工作任务和时间节点，确保选举工作依法有序展开。在街道机关和地区单位进行了 2 次动员教育，先后 19 次组织全体工作人员进行阶段性专题学习。各选区也根据工作进度和选区实际开展针对性培训。

3. 建立沟通协调机制

制定并层层签订《选举工作责任书》，建立了处级领导包片督导责任制，对各选区工作进行全程的督导和巡查，及时掌握情况、反馈信息。建立选区工作组例会制度，每周通报工作日程安排，了解工作情况并协商工作中的问题。为加强与各选区成员单位的沟通联系，街道分会每周四举行指导组组长调度会议，还建立了成员单位定期调度会制度，及时向各选区成员单位传达区选举委员会、街道分会选举工作精神，沟通工作进展情况。街道通过

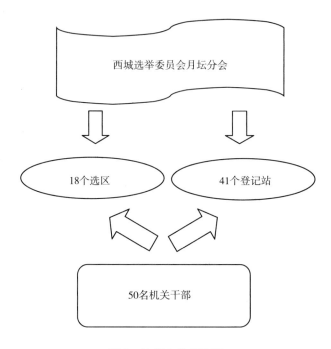

图5　选举工作组流程

党建联合会等工作平台，加强工作沟通协调，取得各单位对换届选举工作的支持，确保工作整体推进。

（二）强化宣传引导，多渠道全覆盖营造氛围

1. 宣传渠道广

充分依托街道网站、社区网站、报纸、政务 QQ 群、微信平台、LED 电子显示屏、宣传栏、楼门组长信息系统等宣传载体，采取灵活多样、群众喜闻乐见的宣传形式，全方位地宣传换届选举工作的重大意义，宣传有关法律法规，换届选举的方法、步骤。

2. 工作制度全

建立了信息工作制度、工作例会制度和舆情周报制度。各选区指定一名专职宣传员，定期召集 18 个选区召开宣传工作例会，发布信息要点、互通工作情况、部署工作要求。其间，月坛选区工作简报被采用 15 篇，起到了

很好的宣传推广作用。印制了宣传横幅110条、宣传展板19套60块，定制了印有人大换届选举信息的7万余份宣传纪念品，开展入户宣传，推进人大换届选举工作在群众中的知晓度。

3. 活动类型多

结合日常工作，在组织中秋、国庆、重阳节及纪念抗战胜利70周年等文化活动时设置换届选举工作内容。在开展夕阳茶座、社区党员学习、社区工作例会、楼门组长会、百姓宣讲、道德讲堂等例行工作时，广泛发动群众积极参与，行使民主权利。此次换届选举，月坛街道是被西城区指定的唯一接受对外采访的单位，先后有国家级、市级等15家媒体对选举工作中好的做法进行报道，起到了很好的宣传和引领作用。

（三）紧抓关键环节，保证代表人选结构和质量

1. 科学划分选区

街道党工委按照代表结构、素质、年龄等要求，从选区划分时就走访了驻区中央部委和国家机关，综合考虑国家机关、教育、金融、文化、宗教等方面代表分布情况，注重组合分类，按照居住状况、行业、单位性质进行选区划分，坚持公平和效率兼顾的原则，确保代表的产生具有代表性，提高选举工作效率。

2. 依法行使代表人选提名权

提名推荐代表候选人时，各选区选举工作领导小组引导选民按照要求推荐自己满意的代表候选人，既民主协商又协调各方，求大同、存小异，尽量把正式代表候选人向符合党委意图上统一、向符合大多数选民意愿上统一、向符合优化代表结构要求的目标上统一，依法行使代表人选提名权。

3. 加强对代表人选的考察

在确保发扬民主的基础上，强化政治标准，对提名推荐的初步代表候选人在遵守宪法法律、廉洁自律、境内外关系等方面进行严格审查。另外，在此次换届选举在时间紧任务重的情况下，街道制定了严密详细的考察工作方案，组建了专门的考察组，加强了对候选人政治表现、履职能力的考察，确保代表的政治性、广泛性、代表性。

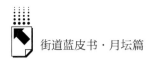

（四）发扬民主精神，引导选民正确行使权力

各选区通过保证选民的代表提名推荐权、选举权，保证代表产生和选举程序的民主，做好选举期间的信访维稳工作，确保选举过程充分发扬民主精神，体现选民意志。

1. 选民登记期间，保证应登尽登

本次人大换届选举，使用了新研发的选民登记系统以及个人 App 登记功能。对此，月坛分会召开业务培训会对负责登记的工作人员进行了专题培训，针对可能出现的问题提出了对策。在整个选民登记工作中做到"早、细、实"，确保登记工作顺利推进。早，工作提早谋划。各选区提早制定工作措施，提早进入工作状态，提早落实工作责任。细，层层细化分解。实行包楼、包片、包单位的包干责任制，各选区工作人员带动楼门长、积极分子、志愿者包干分片完成选民登记工作。实，工作扎实细致。采取查户籍、网上登记、入户核查三结合，认真核对人口信息，确保登记工作的不重、不漏、不错。针对一些垃圾户、空挂户、集体户、出国或到外地上学的、死亡未销户的、逐一联系、逐一核查，保证代表应登尽登，保证参选率。同时，各选区全面开展选民登记情况自查互查工作，以防止出现"错登、漏登、重登"的现象。

2. 在人选协商酝酿推荐环节，加强指导扩大民主

注意增强透明度，对代表标准、条件和结构要求加深理解、达成共识。各选区在提名推荐代表候选人和确定正式代表候选人的过程中，既做到讨论协商又做到反复比较，既发扬民主又正确引导，按照法定时限公布人选。做好正式代表候选人与选民见面工作。

3. 在正式投票环节，严格依法有序选举

科学布置选举大会会场，核实选民身份，引导选民有序投票。确定是否当选时，严格按照参选人数和候选人所得票数"双过半"和另行选举代表候选人得票数不少于选票的 1/3 的规定严格执行。

同时，抓好选举期间的重点信访和综治维稳工作，共汇总各选区上报的

各类信访问题 15 项。各选区和街道有关职能部门抓好对重点信访的管控，排查社会矛盾，把不稳定因素消灭在萌芽状态，确保选举工作顺利进行，保证每一位选民的利益诉求和权利表达。

（五）创新工作方法，提高选举工作与社区建设的统筹能力

运用"三个一"工作法：从一张图、一张网、一张表三个方面为选举特别是选民登记工作提供便利。一张图：西城区选举委员会月坛地区分会选区示意图。明确划分了各选区的区域，精确到街、楼，并用不同颜色标明不同选区，清晰标记社区和单位，十分醒目直观。一张网：月坛街道全响应网格化。工作人员定期在网格内走访，了解网格内人大换届选举工作进展情况，解决存在的问题。一张表：热点问题分类收集处理表。制作了热点问题分类收集处理表，记录问题、分类整理、及时解决。一些地方单位专门制作并发放了《换届选举工作手册》，组织选举答题等活动，为选举工作奠定了扎实基础。坚持选举工作与社区治理相结合，机关干部广泛倾听民意，收集居民对社区养老服务、环境治理、安全保障等方面工作的建议，不断完善自身工作，提高社区治理水平。各社区通过联系区域内单位共同做好人大换届选举工作，加强沟通交流，完善社区共建制度，加强资源共享力度。

三 存在的问题和面临的新情况

（一）存在的问题

1. 组织动员参选的任务仍然十分艰巨

随着市场经济和城市建设的快速发展，全区流动人口日益增多，"人户分离"情况更加凸显和复杂。各类新经济组织不断涌现，情况千差万别、不断变化，企事业单位人事劳动关系日趋多样化，加大了组织选举工作的难度。本次人大换届选举工作，使用了新研发的选民登记系统，网络

平台主要以户籍地为依据，需要提前梳理出一些在职的、人户分离的人员。人户分离现象突出，流动人口保持较高水平，组织动员参选的任务依然十分艰巨。

2. 选举部分环节还需要进一步严谨完善

本次选举新增了考察审查环节，在提名候选人的设定程序上没有考察的时间，尤其是涉及中央、国家机关比较多，时间紧、任务重，工作比较紧张。在组织代表候选人介绍，与选民见面的问题上，新修订的选举法规定，选举委员会根据选民的要求，应当通过召开见面会或者其他形式，组织代表候选人与选民见面，由代表候选人介绍本人情况，回答选民的问题。部分选区，如广电独立选区，由于选民的民主意识很强，代表与选民见面等环节运行顺畅、气氛活跃；而在有的较大的选区选民较多，要组织代表候选人与每一名选民见面难度较大，选民和代表候选人之间缺乏交流。同时，有的代表候选人介绍方式比较单一，各候选人之间没有竞争程序，选民对候选人参政能力、品行方面了解不够，影响投票选择，造成投票的盲目性。在选举投票环节，有的选区投票人多，场地局限，高峰时期存在拥堵现象，如何做到分流有序，在今后的选举投票工作中还需要进一步研究。有的选区为完成投票，委托投票和流动票箱投票较多，很难全面真实反映选民意志。

3. 辖区单位的配合程度对选举有较大影响

辖区个别单位由于内部矛盾在选举过程中有一些困难，需要提前化解，及时解决，影响选举进程；个别单位对选举工作仍然存在不够配合、不够积极主动的情况，需要提前充分地做好准备工作；有的部委机关，在人选名额正常分配情况下，推出10多个初步代表候选人，与选举规则不符；部分选区的人选所在单位选民多的代表得票也多，容易被选上，导致有的联合提名的人选不容易被选上，容易对选民代表的结构带来不利影响。

4. 退休老干部的登记和投票需要进一步规范

在辖区单位老干部的登记问题上，为了依照个别老干部的意愿，对登记地点没有做明确规定，导致在登记过程中单位和社区两个地点登记混乱，给选区选民登记和确定参选人数的工作带来难度，容易出现漏登、重登等问题。有的老干部因年龄等特殊原因未参与选民投票过程，也未进行委托或是转告，对投票率产生了一定影响。因此，在退休老干部的登记和投票问题上还需进一步规范和统筹，保证选举工作的顺利进行。

（二）面临的新情况

产生以上问题和新情况的原因是多方面的，主要源于社会环境的深刻变化和新《选举法》实施带来的新挑战，体现在以下方面。

1. 在思想认识方面，部分干部群众思想上不够重视，主动参选的积极性不高。随着各方面工作的规范，人大、社区党委、社区居委会等，都依法按章开展了换届选举，居民经常参加各种选举活动，一些居民产生厌选心理。个别企业和辖区单位在市场经济条件下，注重经济利益，政治热情不高，缺乏参与积极性，有的认为选举人大代表程序烦琐，是搞形式主义，有"与己无关"的思想，对选举工作不够配合，支持不够。

2. 在宣传教育方面，随着社会环境的深刻变化，民主法制建设的不断推进，人民群众的民主意识和法制观念都有不同程度的增强，特别是选举法修改后增加了一些新的规定。如城乡比例统一，基层一线代表将增多，禁止同时两地担任代表，增强候选人"透明度"，增加对代表的审核和考察，保障选民和代表的选举权，实行秘密写票等。选民和单位在思想认识上的问题，很大程度与日常新选举法的宣传深入程度有关。在宣传的内容上，一方面，对人民代表大会制度作为国家根本政治制度的核心内容和实质，对人大代表的作用和履职的方式方法向选民宣传力度不够；另一方面，一些新当选的人大代表对在人大开会和闭会期间的职责任务了解不够，导致选民对代表选择的盲目性和监督的缺失。同时，不同选区情况不同，在宣传方式和内容的针对性方面还不够。

3. 在组织选举和程序履行方面，近几年，街道社区工作者队伍变动较大，干部年龄结构趋于年轻化，熟悉换届选举工作、有实践经验的骨干有所减少，给代表候选人酝酿推荐、选举投票等环节的把握方面的工作造成一定影响。在选区划分和代表名额的分配上，还要加大预判，不仅要顾及辖区单位，也要顾及普通居民，要在普通居民中产生代表。选民登记环节，在确保应登尽登、不重不漏的情况下，也不同程度造成对选民的被动登记，导致部分选民被动参选。在选举方式上，对候选人的介绍方式比较单一，代表候选人之间缺乏竞争环节，不利于优秀代表的产生。同时，也导致代表候选人与有的选民间的关系分离和淡漠，选民的投票行为并非源于他的利益驱动，难以真正体现选民意志。

四 完善月坛街道人大代表换届选举工作的思考

（一）加强宣传教育力度，提高选民依法参选意识

加强对新《选举法》、人大代表选举制度和代表职务职责的宣传，一方面教育选民要充分认识人大代表选举的重要性和与自身利益的相关性，增强参与人大代表选举实现自身利益诉求的积极性和热情，提升选民的法制观念，切实行使好自己的选举权和被选举权。另一方面，也使候选人加强对人大代表内涵、应承担职责的认识和了解，认真履行人大开会期间审议提案、审议政府工作报告，闭会期间联系选民、提交提案等职责，代表人民群众参与管理国家事务，避免将人大代表身份理解为荣誉称号和政治资本。

（二）突破户籍制度壁垒，解决流动人口的选举问题

随着城市化的不断推进，大量外来务工人员涌进城市，由于受到户籍制度的限制，他们无法参与到城市公共事务的管理当中，没有表达诉求的渠道，不能维护切实利益，他们同样关心京城居住地的城市公共事务的管理问题。按照《县以下人大代表直接选举的若干规定》，选民实际上已经迁居外地，但没有转出户口的，在取得原选区选民资格证明后，可以在现居住地的选区参加选举。但是实际生活中很少有人回到户籍所在地取得选民资格证

明，再到现居住地参加选举，主要原因是取得原选区选民资格证明的手续比较烦琐。只有打破户籍制度的限制，简化选民变更登记手续，采用在居住地登记的选举办法，才能解决流动人口的选举问题。

（三）完善提名和候选人确定方式，强化代表产生的民主性和透明度

在选区划分和代表名额分配环节，要逐步改变按生产单位、工作单位和事业单位划分的方式，转向按居住状况划分选区，这样一来，选举与选民利益更为密切相关，也有利于公平合理分配代表名额。代表名额分配时，各选区每个代表所代表的人口数应大体相等。选民登记应尽可能由选民主动参加登记。在提名确定代表人选环节，要扩大政党、团体和群众在提名中的参与程度，可以考虑建立预备候选人制度，推行报名申请和被动提名相结合，以自主报名为前提，加强预备人选的审查。在闭会期间，对预备人选进行公示和动态管理，便于政党、团体和群众了解和监督，选举来临时再由组织推荐参选，从而增强人选提名的公开性和透明度，避免随意性。在选举过程中，对选民十人以上联合提名的人选，要依法保护其合法性和严肃性，按程序对外进行公布。

（四）创新选举竞争机制，激发候选人参选热情

要使选民克服对选举活动的冷漠，解决与代表人选之间缺乏沟通导致投票盲目的问题，除了加强宣传教育，还要在选举过程中改进对代表的介绍方式，适当引入竞争机制，有效激发选民的参选热情和履职动力，使代表在竞争当选后，更加珍惜职务，增强履职责任感和使命感，努力兑现对选民的承诺。介绍候选人时，应拓宽介绍渠道，并平等对待每一位候选人，除组织编辑介绍人选简历情况外，还应让选民或人大代表充分了解候选人的政治立场、从政态度、工作业绩、参政议政能力及工作规划等。可利用电视、报纸、宣传栏等多种方式做间接介绍，也可允许候选人发表竞选演讲，回答选民及其他代表的询问，开展选举辩论等，宣传自己的从政

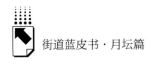

态度和主张。但竞选方式和范围要有所控制，以保持选举的有序性和严肃性，杜绝拉票贿选等行为。

（五）完善监督机制和措施，加强选举制度的监督和考核

将参与选举的各方主体规定为被监督对象，设立有监督职能的机构以外的单位和个人作为监督主体，明确其对人大代表选举活动进行全程观察的职责，但不允许其对选举活动发表意见，只允许对选举违法行为向领导小组汇报。要完善选举中提名人选公示、投票、计票等环节的具体监督措施。要发挥选民、参选人和社会舆论的监督作用，扩大监督范围，对包括选民资格、贿选等破坏选举的行为进行监督，并及时严肃处理各类选举中的违法违纪行为。

参考文献

周婷玉、崔清新、贾楠：《新选举法的五大民主看点》，《海南人大》2010 年第 4 期。

张庆福：《论我国的选举制度》，《法学研究》1980 年第 6 期。

陈美秋、陈必山、詹荣华、陈毅勇、王金华、李全利、李茂华：《基层民主新期待》，《人民政坛》2016 年第 1 期。

邱晶：《加强县乡人大换届选举工作的思考》，《新疆人大》（汉文）2016 年第 1 期。

赵敏：《人大代表工作站：发展基层民意表达渠道的探索——基于温岭实践的分析》，《中共浙江省委党校学报》2012 年第 6 期。

赵晓力：《论全国人大代表的构成》，《中外法学》2012 年第 5 期。

蒋锐：《德国现行选举制度及其特点》，《德国研究》2012 年第 2 期。

闵行区人大工作研究会重点课题研究小组：《人大代表换届选举若干问题研究》，《上海人大月刊》2016 年 9 期。

B.14
月坛街道推进基层服务型党组织
建设的实践与思考

摘　要：　党的十九大强调，要加强基层服务型党组织建设，并作为巩固党的执政基础和提高党的执政能力的主要内容，这是对基层党组织建设目标任务的再丰富、再发展。月坛街道积极响应党和国家的号召，认真领会内涵和实质，推进落实市委创建基层服务型党组织街道和社区试点工作，以"三个突出、三个坚持"着力建设基层服务型党组织，统揽基层党建工作，取得了明显成效，为新形势下加强和改进基层党组织建设工作明确了定位、指明了方向、提出了要求。

关键词：　月坛街道　服务型党组织　基层党建工作

一　推进基层服务型党组织建设背景

（一）基层服务型党组织的新认识

回顾中国共产党 97 年的发展历程，之所以能够从无到有、从弱到强、从胜利走向胜利，仅仅经历 28 年的奋斗就成为执政党，建立了新中国，其中最根本的原因就是确立了"支部建在连上""设置在最基层、设置在群众中的建党"原则，就是依靠"密切联系群众，热忱服务群众，扎实做好群众工作"这个法宝。加强基层服务型党组织建设，是基层党组织建设的全方位自我变革，是一次全新的"组织流程再造"。

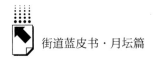

基层服务型党组织是党全部工作和战斗力的核心与基础，更是团结群众、贯彻落实党的路线和方针政策、执行党的任务的战斗堡垒，在推动社会发展、服务人民群众、凝聚人心、维护社会稳定等方面都发挥了重要作用。因此，对基层服务型党组织建设要重点把握三点新认识。

1. 从巩固党的执政基础认识基层服务型党组织

要把加强基层服务型党组织建设，从以往党组织强化服务功能、加强自身建设的角度，上升到面对党情、国情、世情的变化，扩大党的群众基础、巩固党的执政基础的高度来认识。

2. 从促进区域关系和谐认识基层服务型党组织

要把基层服务型党组织建设，从基层党组织做好服务工作就是帮扶关爱困难群体和解决群众反映具体问题的工作角度，上升到促进区域内"人""地""物""事""组织"等各方面的整体和谐来认识。

3. 从强化多维度工作体系认识基层服务型党组织

要将基层服务型党组织建设，从把"服务"看成同"管理""建设"等概念并列的党组织单一工作内容，上升到工作理念、工作方式、工作手段等多维度的综合工作体系来认识。

（二）基层服务型党组织建设的意义

作为基层党务工作者，面对当前存在的问题和考验，应更感责任重大，更加领会中央推进基层服务型党组织建设的重大意义。

1. 基层服务型党组织建设是推进国家治理体系和治理能力现代化的重大举措

基层服务型党组织建设是推进国家治理体系和治理能力现代化的重要举措。社会治理现代化，其核心就在于如何满足基层的各类服务，基层党组织处于基层的第一线，其执政能力和水平关乎社会治理现代化的关键。基层服务型党组织的建设能够完善基层党组织各项工作制度、提升党员干部的服务能力和水平，推进基层社会治理创新，为群众提供更多符合切身利益的服务，不断推进国家治理体系现代化的进程。

2. 基层服务型党组织建设是巩固党的执政基础的需要

从职责方面考虑，基层党组织是社会改革稳定发展的核心力量，为密切联系群众起到了桥梁作用。基层党组织和党员的作用发挥如何、形象怎样，直接关系到党在人民群众中的威信和凝聚力，直接关系到党的号召力和战斗力。因此，要不断加强基层服务型党组织建设，使基层党组织尽可能地为人民群众服务，奠定党的执政基础。

3. 基层服务型党组织建设是服务群众的基础

始终坚定不移地践行群众路线、为人民群众服务，不仅是党的宗旨，而且是党组织的主要任务。基层党组织是保证党的各项政策能够惠及群众的"毛细血管"，是将党的温暖传递给群众的"末梢神经"。而基层服务型党组织更加突出对群众的"服务"作用，真正关心群众生活，帮助群众排忧解难，是不断满足群众需求的重要基础。

二 月坛街道推进基层服务型党组织建设主要做法

近年来，月坛街道党工委积极推进市委创建基层服务型党组织街道和社区试点工作，注重创新服务理念、整合服务资源、夯实服务基础、丰富服务载体，以"三个突出、三个坚持"着力建设基层服务型党组织，以加强党建服务带动辖区和谐建设，取得了明显成效。

（一）突出以地区单位和居民诉求为依据的创新服务理念，制定服务发展目标

月坛辖区以国家机关政务办公区和居住区为主，建成时间较长，人口老龄化严重，居民文化素质高，驻区单位多（副部级以上的中央单位有23个）。随着社会发展，居民需求、社会服务日益多样化，为服务型党组织建设带来更大的考验。近年来，街道、社区党组织坚持"以人为本、造福百姓"，立足"首善"标准，树立"携手超越每一天"的区域服务发展理念，确定了"打造人文型、发展数字型、构筑学习型、创建服务型"——"四

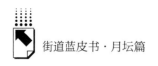

型月坛"区域发展目标，以创建"四型月坛"为最终落脚点和根本方向，使发展成果最终惠及服务区域的广大居民及单位，打造和谐地区家园。

（二）坚持以街道党组织为主导整合服务资源，增强区域服务凝聚力

由于街道、社区党组织自身的服务资源有限，难以满足区域多层次、全方位的需求。因此，街道积极构建以工委为核心，以社区党建为基础，以驻区单位党建和行业党建为抓手的区域化党建新格局，成立"月坛地区党建联合会"和社区"大党委"，建立健全工作联席会议制度，形成了组织联建、党员共管、资源共享、服务共抓的良好局面。化零为整，将地区党建和社会资源整合成服务自选菜单，建立起街道、社区、地区单位"三位一体"的资源闭环流动模式。倡导"大邻里、好邻居"理念，发动中央单位参与地区社会建设和服务，国家发改委等单位开放食堂，每天为地区老人提供就餐送餐700余人次。创建"部长讲堂"，开展"部长进社区"活动，国家发改委、中国地震局、国家统计局等部委领导、党组织负责人深入街道机关、社区党员群众中解疑释惑。组台唱戏，促进党员共管、队伍共建，将财政部场地资源和北京儿童医院优质党建资源相结合，举办"月坛地区贾立群先进事迹报告会"，为地区近千名党员献上特殊党课。定期开展地区大龄青年联谊活动，帮助地区单位党组织解决大龄干部职工婚恋需求，消除后顾之忧。树立"以空间换服务"的理念，将1600平方米的街道原办公楼作为社会组织服务楼用以培育、扶持社会组织的成立和发展，制定《社会单位资源开放共享奖励办法》，为其参与地区建设和服务群众提供了有力的支撑和保障。

（三）突出以群众满意为标准打造服务队伍，夯实基层服务基础的理念

街道工委以党的群众路线教育实践活动为契机，成立教育实践活动社区指导组，选派机关干部担任社区党组织席位制委员，坚持以群众满意为

标准，牢固树立"为人民服务"的宗旨意识和"群众利益无小事"的工作理念，努力建设服务意识强、服务作风好、服务水平高的社区领导班子，着力打造以社区"两委"班子为龙头，以党员为骨干，以志愿者为主体的社区服务队伍。开展"践为民宗旨、兴务实之风、促社区和谐"服务实践活动，选派 30 余名挂职干部担任社区党组织专职副书记和书记助理，共参与社区党员志愿和公益活动 100 余场，参与执勤巡逻累计 80 余次，走访入户 624 余户，共收集意见、建议 900 多条，牵线促成 20 余项社区服务项目，服务群众 7000 余人次。开展在职党员回社区报到工作，67 个地区单位 3332 名党员到所属社区进行了报到，互相开展了 45 个服务项目。建立党员志愿服务长效机制，组织辖区党员广泛参与法律咨询、医疗义诊、书法培训等志愿服务活动。目前，共有注册志愿者 1016 人、志愿者服务队伍 26 支，涌现出"王翠花党员志愿服务队"等一批志愿服务先进典型。采取购买、租用、整合、共享等方式扩大社区活动用房面积，完善党员远程教育终端站点 26 个，为加强党员学习提升服务能力提供强有力的硬件和软件保障。

（四）坚持以信息化为支撑，丰富服务载体，增强党组织服务功能

街道借助信息网络交互性、开放性、超时空性等特征，积极创新党建方法和手段，努力建设"数字党建月坛"，将党的服务触角从居民区延展至机关大院和商务楼宇，不断拓展服务领域、延伸服务范围，确保服务全方位、全时空。建立三维地理信息指挥系统，将辖区细化为 112 个党建网格，在每个网格以三维形式显示相关人、地、事、服务站点以及区域单位建党和党建情况，配备网格党员管理员，提高党组织服务效能。研发楼门组长信息传递系统，推行楼门党建，将党和政府的工作延伸至社会"神经末梢"与"毛细血管"，加快了党组织服务与群众需求的即时、有效对接。开发"月坛网"引导并服务党员利用业余时间开展在线学习。目前，已有 1.7 万人注册，发布课件 240 余个，建立起覆盖全地区的党群互动交流宣传教育平台。结合"五站合一"，在 12 座商务楼宇设置"党建驿站"，将党务、政务、社

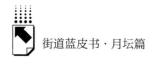

会事务、公共服务和社区服务乃至商业服务等各类管理与服务资源引入楼宇，弥补了对商务楼宇员工、流动党员的管理与服务空白。开通人民网党建微博、楼宇党建新浪博客、党务政务微信通等社交网络和新媒体，推动党组织和党员、群众之间的互动交流，形成党建社交群落，吸引社会领域党员主动参与地区志愿服务和社会建设工作。

（五）把解决群众反映突出的问题放在首位，树立鲜明服务导向

月坛整体建设比较靠前，但发展还不平衡，小区老旧、拆违、停车难、养老、突发事件应对等问题成为制约地区建设服务发展的难点。街道工委和社区党组织牢固树立集中财力、人力办大事的观念，建立"1＋X"拆违工作理念，在拆违的同时，挖掘空间资源，一并协调解决好环境整治、公共服务等方方面面的问题，长效解决老旧小区的管理问题。开展社区急救，为社区卫生站配备22辆社区急救电动车，有效缩短了突发病人等待抢救的时间。开展"精细化就业服务"，实施个性化重点援助，量身定做制定就业援助方案。制定《综合救助办法》，健全多样化救助体系。开展精神残疾居家与社区康复，给予残疾人全方位的帮助。开展计生、生殖健康服务进部委、进楼宇活动，筹建地区新希望家园，推行失独家庭亲情化服务。实行"无围墙敬老院"建设，形成"专业＋志愿""一二三四五"服务，推进文化养老建设。实行公共服务标准化，打造"业务精、服务优"的公共服务立体化平台。推行政社合作，2014年重点打造十大公益项目，投入资金达400余万元。完善地区四级防控网络，形成横向到边、纵向到底的安全工作格局，扎实推进"国际安全社区"和"六型"社区建设，全面提升社区综合治理和建设服务水平。

（六）坚持立足打通服务群众最后一公里，建立健全密切联系服务群众机制

围绕加强群众工作、惠及保障民生、密切干群关系、促进社会和谐，建立"访民情、听民意、解民难"工作长效机制，推进"十个一"民生工作模式，畅通沟通渠道，形成良好互动。建立党员领导干部"四个一"密切联系群众工作制度，帮助解决实际问题。建立《席位制委员工作办法》及时掌握和协调解决社区党建、社区自治、社区服务等情况。健全重要基础设施，重要民生服务项目建设社会公示、听证和项目调研、评估制度，广泛听取意见、建议。采取多种形式，推行街道"班子会"进社区，现场办公，现场研究解决问题。打造"全响应"工作服务平台，形成问题的科学研判和即时分办机制，形成"多渠道沟通，一平台分办，高效率处置"的网格化社会服务管理模式。通过健全民意收集、民事反映、民情分析、民声回应等制度，了解和掌握党员群众的真实愿望和需求，虚心接受党员群众的监督，使服务型党组织建设具有扎实的群众基础。

三　推进基层服务型党组织建设问题和建议

（一）主要问题

1. 服务意识不到位、思想观念陈旧

在基层党组织中，"干好本职工作就是称职"的思想倾向严重，对创建服务型党组织的意义和内涵认识不到位，工作责任感不强。在工作中，还保持与过去陈旧的思想观念，习惯以发布命令、召开会议、下发文件等工作方式来推进工作，较少深入到群众当中，也没有实现从"管理"到"服务"的角色转换，工作职能转变跟不上形势的要求。少数党员干部责任意识不强，存在重经济发展、轻党的建设的思想。

2. 党员管理制度和考核指标体系不完善

个别基层党组织人员保障不足，联系服务群众工作难以有效推进；还需要进一步丰富学习内容，改进学习制度，满足当代党员、干部的学习需求；党内帮扶多停留在"输血"层面，未能实现"造血"；党员教育管理制度不

能适应时代发展的要求，造成党组织对党员的教育管理难度加大。目前，在考核方面，还缺乏一套完备的指标考核体系，标准也尚未明确。因此，促使基层党组织在界定"服务型"的具体含义上有所偏差，并对如何创建"服务型"基层党组织、从哪些方面创建"服务型"基层党组织认识比较模糊。

（二）对策建议

基层服务型党组织建设是基层党组织转型升级的重大课题。由于基层党组织数量多、覆盖广，情况千差万别，立足发展大局和基层实际，既要务实又要创新。务实就是要联系实际情况，做一些可操作性强、有利于党组织发展的事情。创新就是要打破旧观念、旧制度，推动基层党组织的组织方式、领导方式、工作方式、工作内容向服务转型。

1. 服务功能从"粗放"向"精准"转变

基层党组织是党的全部工作和战斗力的基础，是领导核心、政治核心，使命重大。随着基层党组织的权力资源和工作条件的变化，要担负推动发展、服务群众、凝聚人心、促进和谐的重任，就需要联系不同类型的社区，不同发展阶段的非公企业和社会组织以及机关、事业单位、国有企业的具体情况，彻底使基层党组织从行政权力中解脱，针对当前党组织最迫切需要解决的突出问题，进一步厘清党组织的功能定位。

2. 服务主体从"单一"向"多元"转变

基层党组织要转变思路，树立"不求所有、但求所用"的理念，既要当好组织者、推动者、实践者，又要当好矛盾化解者、利益协调者、资源整合者，在统筹发展中凝聚力量。要积极培育各类公益性、志愿性、群众性服务组织，壮大专业服务力量，创设社会化的服务平台和载体，构建"我为人人服务，人人互相服务"的服务主体群。

3. 服务内容从"包办"向"需求"转变

中央印发的《关于加强基层服务型党组织建设的意见》明确提出服务改革、服务发展、服务民生、服务群众、服务党员的"五个服务"，归根结底还是服务群众。有的群众反映现在"交通通信发达了,干部与群众的感情和距离却疏远了","干部学历提升了,做群众工作的能力却滑坡了","群众经济收入增加了,幸福指数、满意程度却下降了",其重要原因就在于党组织的工作与群众需求脱节了。如何从权力主导的"管理型"到需求主导的"服务型",从"党组织现有什么资源,可以提供什么服务"到"群众需要什么,党组织就协调整合服务什么"转变,将是基层党组织需要着力探索的问题。

4. 服务方式从"给予"向"参与"转变

过去基层党组织手里掌握着各类资源,通过行政命令可以直接进行调配,现在基层党组织不直接参与生产经营和行政管理,要做好服务工作,就需要探索引领、协调、示范等"柔性"工作方法,充分动员辖区居民,调动各类组织的力量,推进党建工作由"垂直管理"向"区域整合"转变,由"条块分割"向"条块结合、以块为主"转变,构建区域化党建的新格局。

参考文献

马国钧:《基层服务型党组织的本质内涵与建设路径》,《思想政治教育》2013 年第 5 期。

马妮、张荣华:《加强基层服务型党组织建设的对策研究》,《湖南大学学报》(社会科学版)2017 年第 1 期。

周浩集:《基层服务型党组织建设:动因、架构及其路向》,《探索》2015 年第 4 期。

钟龙彪:《服务型基层党组织建设的现状分析与理论思考》,《长白学刊》2013 年第 2 期。

杨蕾、殷焕举:《基层服务型党组织建设的路径探析》,《中州学刊》2013 年第 6 期。

王同昌、金怡顺:《基层服务型党组织建设保障系统探讨》,《学习论坛》2015 年第 4 期。

孙黎海:《基层服务型党组织建设的理论架构》,《理论学刊》2013 年第 8 期。

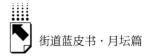

华丽：《推进"服务型"党组织建设为公交提升服务和企业发展提供保障》，《城市公共交通》2015 年第 4 期。

张伟志：《加强基层组织建设需把握三个关键点》，《党的生活》（黑龙江）2012 年第 10 期。

李元学：《探索"三型"党建模式，助推基层党组织建设》，《党的生活》（黑龙江）2013 年第 5 期。

B.15

月坛街道党风廉政建设的实践与思考

摘 要: 为深入学习贯彻党的十八大和中纪委七次全会、国务院第五次廉政工作会议、北京市第十一次党代会及西城区第十一次党代会精神，认真落实《关于实行党风廉政建设责任制的规定》，紧密结合反腐工作中出现的新形势、新情况、新任务，月坛街道以构建地区和谐社会为出发点，不断推进制度建设和改革创新，大力加强街道党风廉政建设，创造性地开展反腐倡廉工作，并形成一系列的长效机制。经过不懈努力，月坛街道的党风廉政建设水平不断提高，党群干部关系联系更为紧密，民生保障工作更加有力，地区社会环境和谐稳定，街道各项工作建设呈现持续发展的良好局势。

关键词: 月坛街道 党风廉政建设 作风建设 社区纪检组织

一 月坛街道推进党风廉政建设的背景

(一)区域概况及特点

月坛街道辖区面积4.13平方公里，共26个社区，有11.9万常住人口。区域特点突出，一是中央国家机关政务办公单位聚集，副部级以上单位23个；二是人口老龄化程度较高，60岁以上的老年人占比为20.3%，离退休干部5000多人；三是地区文化素质高，大专以上学历占比为49.7%；四是居住群体复杂，贫富差距较大，有36个少数民族。

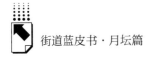

（二）月坛街道党风廉政建设基础

1. 创新工作体制，加大监督力度

针对月坛街道地理位置特殊，涉及人事物都比较敏感等问题，2003年，街道从实际出发，确立了"打造人文型月坛、发展数字型月坛、构筑学习型月坛、创建服务型月坛"的"四型月坛"发展目标，以务实的工作态度和工作作风，扎实推进"四型月坛"发展建设。2004年，街道实行"大科部制"体制改革，将工作性质基本相同或相近的科室进行划分和整合，设置"七部两室一中心两个事业单位"，这样在解决一些群众关心的问题和敏感问题上不但能够集思广益，提高办事效率，还能使工作更加透明化。2016年，在大科部的基础上，街道又调整为"七中心两部"，此后又完善为"八大中心"。一方面让社会单位参与街道的日常工作，另一方面将一些工作交由社会组织和专业机构负责。中心成立以来，不但整合了街道内部资源和外部资源，集中解决了重大事项、焦点问题和矛盾问题，还形成了对问题的内外监督、廉政高效的工作格局。

2. 健全组织制度，形成监管合力

在党风廉政建设上，街道始终坚持党工委书记是第一责任人，纪工委书记是直接责任人，班子成员"一岗双责"，逐级签订党风廉政建设责任书，坚持每季度对主管部门和科室的廉政建设进行检查，并建立廉政责任追究制度，将廉政责任制考核与领导班子和党员干部年度考核、工作目标考核结合起来，层层检查、层层落实。为使党风廉政建设落到实处，街道还专门成立了民主管理和监督委员会，由地区单位、社会组织、人大代表、政协委员组定期召开专题会议，对街道勤政廉洁等工作提出意见、建议，对"折子工程"予以统筹协调、监督落实。同时，26个社区全部成立社区纪委，并下发了《月坛街道工委关于加强社区纪检组织建设的意见》，制定了社区纪委工作职责、报告制度等12项工作制度，在街道与社区形成党风廉政建设的合力。

二 月坛街道推进党风廉政建设的主要做法和成效

（一）加强学习教育，提高政治觉悟，真正构筑了拒腐防变思想道德防线

1. 大力抓好街道领导班子的党风廉政教育

街道组织学习有关党风廉政建设会议精神，结合实际，部署街道反腐倡廉工作。街道坚持中心组理论学习制度，先后修改、制定了《月坛街道中心组织理论学习制度》《月坛街道关于进一步加强和改进党委中心组学习的实施意见》。不仅如此，街道还把加强作风建设和反腐倡廉教育作为班子自身建设的重要内容贯穿到全年的工作和学习教育中。另外，利用召开民主生活会的时机，班子成员对照各项规定，进行批评与自我批评，查找廉政风险，及时纠正违规现象。通过组织学习教育，在领导班子当中普遍达成了一个思想共识，即街道的任何发展和进步，任何工作的创新和提高都需要一个纯洁没有污点的环境、一个廉洁从政的领导班子、一批作风务实的党员干部，真正做到服务辖区居民，让辖区的人民群众满意。

2. 大力加强对党员干部的反腐倡廉教育

街道利用月坛学习型平台、《人文月坛》、录像片、橱窗等宣传载体，在党员干部中大力宣传拒腐防变教育。认真落实《机关干部理论学习制度》并定期邀请有关专家授课。2012 年 3 月，街道组织近 100 名科级以上干部听取中纪委案件审查室负责人就贪污、受贿等违纪违法案件的认定和处理剖析，并注重开展以廉政谈话为主要内容的提醒式教育，对干部起到了很好的警示作用。近年来，街道还组织广大党员干部到廉政教育基地大兴团河农场、宋庆龄故居等 12 个地点参观学习，并撰写心得体会，取得了良好的效果。

3. 大力开展形式多样的廉政文化活动

街道注重廉政文化建设的辅助性和参与性，多次开展廉政文化进社区活

动。利用社区黑板报，刊登社区党员干部廉政学习教育心得体会，交流廉政学习情况；利用社区宣传栏，通过书法、剪纸、绘画等形式宣传廉政文化；利用社区艺术团编排廉政节目并在社区多次演出，取得良好的社会效应和社会反响。

（二）落实法规制度，发挥党内监督，大力营造廉洁行政的内部工作环境

1. 坚持落实"三重一大"制度

街道坚持落实"三重一大"制度，即"重大事项决策、重要干部任免、重要项目安排、大额资金的使用，必须经集体讨论做出决定"的制度（见图1）。① 工委班子在干部使用、工程建设和经费管理等敏感问题上，始终做到有章可循、有据可依。特别在经费管理使用中，做到已纳入年度大预算的事项可以不再列入工委会讨论，5000元以下的由分管书记、分管主任审签，5000元以上由书记、主任审签。但对一些临时性新增预算项目，则必须按照开支多少、项目大小，把决策权力的行使分解为分管领导负责、主任审批、工委会通报、工委会研究决策四个层面予以把控。在动用大额资金方面，则一直坚持工委会集体研究审定，"一支笔"审签，纪检全程监督。

2. 严格落实领导干部廉洁从政若干规定

街道认真落实领导班子成员双重民主生活会制度。在民主生活会上，处级干部认真对照《廉政准则》、《中共中央纪委关于严格禁止利用职务上的便利谋取不正当利益的若干规定》、"四大纪律"、"八项要求"等内容，检查自身言行，加强自我约束，务必做到令行禁止、率先垂范，不触碰廉政高压线。

3. 认真贯彻落实对领导干部的各项监督制度

街道纪工委充分发挥党内监督的职能作用，认真贯彻落实《中国共产党党内监督条例》（以下简称《条例》），切实加强对领导干部的监督。加强

---

① 1996年第十四届中央纪委第六次全会公报。

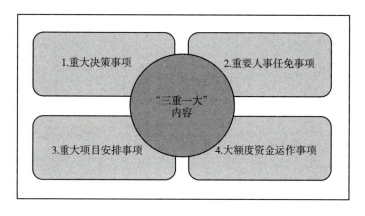

图1 "三重一大"制度内容

对《条例》执行情况的监督检查，认真实行领导干部述职述廉制度、民主评议制度、重要情况通报和报告制度，班子成员双重民主生活会，不断提高党员领导干部廉洁自律的自觉性。纪工委全程参与干部任用、重大项目建设，全程进行监督。

（三）采取多种手段，加强防控体系，形成齐抓共管全面防御的工作局面

1. 运用科技信息手段，推进廉政风险防控信息化

自2003年起，街道不断搭建和完善覆盖整个月坛地区的无线城域网、无线监控网以及月坛街道内部局域网。2009年，街道承接市科委第一批"社区服务科技应用示范区"项目，开发了学习服务平台、楼门院长信息沟通系统等项目。2011年，结合公共服务大厅调整，推动区街居三级网络联动，实现政务服务大厅与社区服务站有效良性联动，搭建了全方位的廉政风险防控信息平台，尤其是建立了财政业务网上审批，开发了"阳光经费"系统建设，不但使财务经费透明化，也更加规范了财务制度和秩序。同时，搭建了"全响应"工作平台，进一步完善街道"多渠道沟通，一平台分办，高效率处置"的工作体系。一方面将楼门院长信息系统、各协管力量上报情况系统及市民热线等整合到一个平台，畅通诉求渠道，确保及时发现、了

解各类问题、各项需求;另一方面完善问题的分办处理机制,确保各科室针对问题有效处置。真正形成以问题为出发点,以居民需求为中心的多部门联动机制。并利用三维地理信息系统,将街道人、地、事、物、组织、财物等信息全部录入标注,实施全面监控,进行远程指挥,全面提升社会服务管理水平。

2. 完善各项工作体系,形成廉政风险防控制度化

一是查找重要(重点)岗位廉政风险。街道围绕"管人、管财、管物、管工程、管项目"等重要(重点)岗位,围绕廉政风险涉及思想道德、岗位职责、制度机制、业务操作等"四类风险",突出处级班子、科室、个人"三个层次",采取"自查找、内助帮、群众提、互相查、领导点、组织评"等六种方法,查找廉政风险。首先,查找领导岗位风险,重点查找在"三重一大",即重大事项决策、重要人事任免、重大项目安排和大额资金使用等方面易产生腐败行为的廉政风险;其次,查找中层岗位风险,根据中层干部职责定位,针对行政、执纪、执法和业务管理等重要环节发生或可能产生的廉政风险;最后,查找其他重要岗位风险,即掌握审批审核权、组织人事权、财务管理权等相关科室的岗位。审批审核权的重点环节包括申报审查、核准立项、招标投标等;组织人事权的重点环节包括干部的任免、考核、评先评优以及按照干部管理权限对干部的处理权等;财务管理权的重点环节包括收入、支出、资产、票据、物资采购等。重点(重要)岗位人员对照岗位职责、工作制度,查找并分析个人在履行职责、执行制度、行使自由裁量权和现场处决权、内部管理权等方面存在或潜在的廉政风险。做到"三个到位",即"风险防控到位、制度建设到位、责任落实到位"。不仅如此,街道还制定了《党工委重大事项议事规则》《发展党员工作细则》《办事处重大投资项目管理实施办法》《后备干部、各级党代表、人大代表及各类先进评比推荐选拔工作细则》《行政、财务等管理制度》等,初步形成以街道党工委议事规则为核心的十大制度体系和9个工作规范、23个工作流程,实现决策运行程序化。

二是完善干部选任监督机制。对科级干部的任免全部实行竞争上岗,全

程委托第三方——西城区领导人才考评中心组织负责笔试、面试，实行综合考评，并引入"360度民主测评"模式。一是建立干部选拔任用工作信息"四公开"制度，即公开科级干部队伍职数、公开职位要求、公开职务空缺情况、公开考察对象或拟任人选的"三龄一历"等基本情况。二是通过网络论坛、网络举报等手段征求群众意见。三是不定期组织基层干部群众对选拔任用干部工作满意度进行测评，针对测评结果进行认真、全面、客观的分析，防止简单地"以票取人"。四是实行了干部选拔任用工作全程纪实和纪检部门全程监督制度。围绕干部选任各个环节以及《党政领导干部选拔任用工作全程纪实表》，特别是在民主推荐、竞争上岗笔面试、民主测评等环节，纪检监察部门现场参与全程监督。五是建立了街道拟提拔任用干部征求纪工委意见制度。在提交工委会讨论前，书面征求纪检监察部门对干部任免的意见，实行党风廉政建设"一票否决"制度，落实选人用人关口前移，杜绝"带病提拔"现象（见图2）。

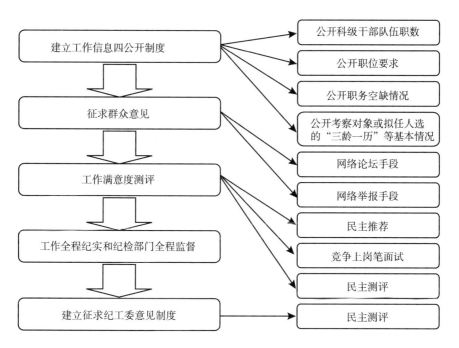

图2　干部选任监督机制流程

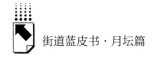

三是推进社区廉政风险管理。社区党风廉政建设是基础性工作，与社区基层党建、社区民主政治建设等息息相关。第一，规范了社区运行机制，为各社区建立了"三本三册"（社区居委会接待来访居民记录本、社区民情日记本、社区会议记录本；楼门院长服务手册、社区居民代表工作手册、社区专职工作者联系册），使社区工作更加规范化、科学化。第二，在重大事项决策上，全部实行民主选举、民主管理、民主决策、民主监督，26个社区全部实行了信访代理制度。第三，加强对社区公益金使用的监管。成立了以办事处主任为组长，主管主任为副组长的社区公益事业项目管理组，负责社区公益事业专项补助资金的项目审批、项目考核、使用监督等工作。制定了《月坛街道事业专项补助资金使用管理细则》《月坛街道社区公益金管理工作流程》。明确了公益金项目签批权限，执行社区公益事业项目完成情况报告程序。建立健全了会议制度、检查评估、责任追究、资料存档、公示等多项社区公益金管理制度。社区公益金的合理规范使用，为社区公益协会的发展和社区自治管理起到了很好的促进作用。

四是加强基础建设项目监管。力求在基建项目所有环节全方位贯彻风险防范。拟定了《基建管理工作制度》、《基建管理办法》、《基建项目立项程序》、《政府采购招投标流程》、《基建工作人员廉洁自律若干条例》和科室职能等六项制度（见图3），街道5000元以上的工程项目必须由街道工委会集体研究决定，年初必须列出工作计划报财政科审核，街道财政科报区财政局审批。严格按照工程立项、招投标、结果公示工程质量监管等程序进行，纪检监察部门全程监督。对超过40万元的项目要实施"事前控制"（前期审计），把好资金使用安全关。街道的项目规划多属于修缮性改造。2012年，对真武庙四里6栋、月坛南街53号、月坛南街甲49号实施抗震加固。对真武庙四里1~3栋、三里河北街5号院、白云观街北里1号楼院实施综合整治。对二七剧场路7号院等平房院落251户进行"煤改电"改造（见图3）。

3. 落实党务政务公开，推进权力公开透明化

一是明确职责权限，深入推行街道、社区党务公开。按照党内有关法规

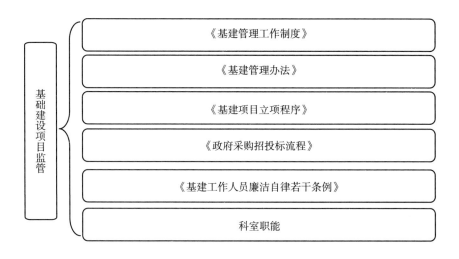

图3　基础建设项目监管六项制度

文件，明确划分街道工委各职能部门的职责和权限，共梳理街道工委、处级领导职权97项。通过固化权力事项，明确了职权主体、责任和要求。坚持依法、高效、规范、透明的原则，编制并公布决策、执行、监督等权力运行流程，明确行使权力的主体、条件、运行步骤、完成时限、监督措施等，提高权力运行程序化、规范化水平。制定了工委职权行使流程图、工委纪检流程图、党的建设流程图、干部任免流程图，对工委各项职权运行进行了规范。在党务公开上，做到了公开形式标准化、公开内容规范化、公开工作制度化。公开内容主要包括涉及街道辖区内经济社会发展的重大决策、决定、决议及执行情况，涉及人民群众切身利益的重要事项、重要人事任免、重要党务工作情况及严重违纪违法问题的处理等。街道重点对包括干部竞争性选拔工作方案，干部选拔职位职数、基本条件、任职资格、时间安排、选拔程序、推荐方法，干部提职及试用期满转正考察预告，干部任前公示、党员发展及转正公示，党代表推荐、选举工作，社区党组织换届工作，政工专业职务评审，创先争优先进表彰评选工作，党费收缴、管理和使用工作等在内的数十项内容进行了公开。党务公开形式主要包括：街道OA网公告栏目、街道办事处公共服务大厅，各社区、楼宇、"两新"企业党务公开栏，街道年

231

度"一报告两评议"工作报告,各基层党组织通过季度、年度总结,以党委(总支、支部)会议及党员大会形式报告年度党务工作情况,包括党建经费使用、党员发展及转正、党费收缴使用等党建工作情况。

二是积极推进政务权力公开透明运行。梳理行政权力公开的内容、形式、程序和时限等重点项目。凡是群众关心的热点问题、容易引发不公现象的事项都最大限度地予以公开,维护群众合法权益,实现规范操作。针对群众关心的热点问题,利用街道电子政务平台和社区宣传栏,及时将政策法规、工作职责和工作动态等信息向广大群众公开。在街道政务网中设立部门职能介绍窗口,向办事人员介绍主要职能及相关科室负责的主要业务。进一步明确街道行政权力底数,编制职权目录,制作权力运行流程图,建立健全各项规章制度,规范行政权力的行使。共收集机关各科室行政职权71项,复核主任办公会、行政口班子成员内部职权8项。向区政府权力公开透明运行办公室进行申报,确认街道办事处行政职权共57项。已将57项行政职权进行责任分解,并下发到各科室征求意见,结合科室工作绘制完成权力运行流程图。

三是建立完善行政权力网上运行系统。依托现有信息网络基础,积极配合区行政权力公开透明运行网站建设,使与街道行政权力相关的非涉密信息在电子政务内网平台或街道门户网站公开,使行政权力实行全流程网上运行、全流程网上监察。

4. 加强行政效能监察,开展政风行风评议

一是规范行政服务标准化建设。将行政服务的标准规程制作成示范文本和服务告知单,向群众发放。各项标准的办理程序、申报材料、承诺时限等都公开透明。按照标准化要求,从言行举止、项目办理具体事项入手,每个工作人员严格执行标准,用标准规范服务,杜绝工作随意性。各窗口都建立纸质台账和电子台账。每一事项的受理、审查、办结等环节的信息都实时记录,保留档案,避免出现服务标准体系与实际工作"两张皮"的问题。完善政务服务大厅接待职责,引导来访群众到相应科室,分流并处理一般性事务。在大厅接待窗口安装内外同步显示屏,使居民同步浏览工作人员的全部

办理过程，方便居民了解流程，及时发现问题，现场沟通。

二是开展政务能力建设督查考核。以开展政务能力建设年活动为契机和平台，对街道进行全方位的考核和监督。由主管领导牵头组织实施，纪检监察办公室和组织人事部量化细化工作标准。针对街道工作实际情况，划分窗口和非窗口单位督查考核工作小组。采取实地调查、座谈和问话等方式进行督查并进行材料收集和整理。在整改落实集中时间段，工作小组汇总整理当天情况并形成报告，客观评价窗口及非窗口单位的督查情况，提出改进意见和建议。对个别部门出现的问题，督查组人员应及时与部门负责人进行沟通，现场指正。领导小组汇总督查情况，向街道主要及主管领导汇报，并向机关各科室进行通报，考核结果将作为年底对公务员考核评定的重要依据。

5. 落实厉行节约要求，开展"小金库"专项治理

一是规范各项工作流程，倡导厉行节约。街道一直大力推进节约型机关建设，2010年初即以各部室调整为契机，办公室对机关固定资产管理、办公用品及保洁物品采购发放、车辆管理、办公楼水电使用及楼内维修等各项工作职责及流程重新进行了细化和规范。抽调机关工作人员组成固定资产小组对机关办公家具、办公设备（包括社保所、社区服务中心、各社区）进行了重新核查，建立了全套的购置（调拨）—转移—报废（报损）登记表，完善基础信息台账，并和各部室负责人签订固定资产合同，明确固定资产管理员。建立机关后勤物资盘点、采购、入库、领用全套登记表，做到盘点、采购、出入库由办公室副主任与库房管理员共同执行并签字，物品领用单经各科科长签字、办公室副主任审核后发放，切实做到了层层把关，杜绝了机关办公、保洁用品浪费现象。同时，为不断提高机关办公程序的透明化、精细化、科学化，街道信息化办公室在保证街道原OA系统操作风格主体不变的前提下，又调整了底层基础技术架构、系统级的应用结构更新，新增了"街道办公用品领用""临时事项申请""站内消息""通信录""日程安排""请假及加班管理""网上支票申请"页面加密技术等多个应用和功能改造，并与办

公室相关业务人员进行了测试版本演示和功能需求调研工作。目前，新OA 系统于 2011 年初投入使用。

二是严格压缩公务接待开支，降低行政成本。在公务接待中存在的廉政风险主要包括：不经审批接待、超标准接待、收受或索要回扣、虚开或多开发票套取现金等。为有效避免公务接待环节的不廉政情况发生，街道采取接待费无论金额大小，均由主任"一支笔审批"，并明确公务接待的标准、程序和结算方式，公开、透明运作接待等流程。

三是开展"小金库"自查自纠及假发票专项治理。街道以工委扩大会的形式传达了有关文件精神，并要求进行严密检查，摒弃形式主义，不错过任何死角，发现各类问题并及时解决。街道及下属单位通过认真核查账簿、票据、报表，严格遵守国家相关财经法律法规，不设独立账户，不截留国家、单位相关收入支出，将全部的收入、支出都纳入本单位的财务部门，将所有账目统一核算，并且发票全部合法合规，也未接到相关举报。在"小金库"自查自纠转向治理的过程中，财政纪律得到了进一步强化，在财务管理方面确保了各项收入能够应收尽收以及资金能够科学合理地使用，构建长效机制。

6. 拓宽关注民生渠道，做实信访及纠风工作

一是抓住互联网优势，加强"网络信访"。月坛街道充分利用并整合各类资源，比如监控指挥中心视频图像信息系统（已经运行）和楼门院长信息传递系统（尚未运行但即将投入使用），创新信访工作，建立辖区专门的信访系统，为民生声音拓宽表达渠道，从而实现信访信息上下级可以互联互通。二是各科室参与、齐心协力抓信访。各科室之间要全员参与，形成上下联动的状态，要严格遵循"谁主管、谁负责"的原则，坚持科室包案与解决问题相互结合，齐心协力抓信访工作，真正实现"大信访"的工作格局。三是实行信访情况周报告制。处级领导每周听取信访工作汇报，强化责任，了解民怨，及时牵头处理复杂疑难信访事项，共同有效应对、解决群众和地区企业关心的热点难点问题。四是加大信访督查力度。对于一些久拖不决或处置不到位的疑难信访事项统一梳理，每季度召开一次针对待解决信访事件

所涉部门、科室或职能单位的信访工作联席会议，拿出会审意见，对案件进行集中督办。

三 月坛街道推进党风廉政建设的问题及建议

（一）探索建立反腐倡廉制度体系，形成科学有效监督合力

街道在做好党风廉政建设上取得了一些成绩，但也存在不足之处。针对目前党风廉政建设责任制内容的与时俱进和动态性，责任目标的针对性和特色性，责任分解的系统性和层次性，责任形式的多样性和阶段性均不是很到位，下一步工作重点在于建立一套科学、有效的反腐倡廉制度体系，在党内、党外、法律、媒体、群众之间形成监督合力，以实现各种规定之间不相冲突、相互协调，各种监督体系互相配合的功能，增强制度执行力，增加制度实效性，提高行政工作效率。

（二）探索建立党风廉政管理机制，构建服务型政府

随着新时期各类复杂社会矛盾的日益显现，针对社区党风廉政建设工作内容涉及面广、情况复杂、社区廉政风险管理难度大等特点，街道应继续探索街道管理体制、社区管理机制及地区公共服务体系运行等难点问题的解决方案，彰显街道"组织、指导、统筹、监督"职能，营造社区和谐氛围。疏通党和政府体察社情民意、倾听群众呼声的渠道，及时化解社会矛盾纠纷，严格按照建设服务型政府、责任政府、法治政府和廉洁政府的要求，加快转变政府职能。

（三）强化建立宣传教育机制，切实加强廉政文化建设

一是预警式教育。要重视廉政格言警句的警示作用，建立廉政预警制度，充分利用办公室、办公楼走廊等区域，设立廉政格言警句提示牌或张贴廉政格言警句标语，营造廉政办公文化氛围。除了办公环境，还要注重

网络廉政教育，在内部局域网站标示相关的格言警句。另外，要充分利用传统节假日的重要契机开展廉政教育，提醒广大基层干部"结合开展廉政文化教育活动，加强自身监督，牢记廉政纪律"，以预防"节日病"发作。

二是报告式教育。每季度听取一次形势教育、廉政建设专题报告，每半年对广大基层干部进行一次问卷调查，每年组织一次由执法人员向广大基层干部述职述廉活动和领导干部向广大干部职工述职述廉与民主评廉议廉活动。在活动开展中，积极主动地接受内部广大基层干部职工的监督，将反腐倡廉教育与面对面交流进行有效结合。

三是自警式教育。除了预警，基层干部还要时刻自警，可以在自己的办公桌上置放标有名言警句的名牌，名言警句可以自己挑选或自己写，用自己欣赏的话来不断地警醒自己。同时，将基层干部的廉政警句制成册子，放在服务大厅，发挥大众的监督作用。

四是感悟式教育。通过开展相关廉政、预防职务犯罪等主题的讲座、"爱国主义教育基地"旅游参观、组织观看廉政教育的电影、参观监狱等活动，使公务人员能够从具体案例中吸取一定的经验教训，认真反思反面案例，深刻感悟正面宣传，时刻以坚定的廉政信念面对自己的工作。

五是网络式教育。结合互联网优势，推进"互联网＋"党建模式创新，设置并开辟"廉政论坛、古镜今鉴、勤廉风范、漫画警言、反腐案例"等专栏，为街道党风廉政建设搭建一个交流、学习的平台。

参考文献

王建华：《论党委的主体责任——兼论〈党风廉政建设责任制〉的完善》，《探索》2014 年第 6 期。

王晶：《党风廉政建设责任制考评体系优化研究》，《世纪桥》2017 年 5 期。

李东明、徐子臣：《新形势下完善党风廉政建设责任制的战略思考》，《中共天津市委党校学报》2016 年第 4 期。

翟红芬：《落实党风廉政建设责任制　扎实推进反腐倡廉建设》，《理论学刊》2011年第1期。

何炳文：《落实党风廉政建设责任制的存在问题及对策》，《世纪桥》2014年第4期。

周德宏：《新形势下如何加强党员干部队伍作风建设》，《中外企业家》2013年第10期。

卢峰：《试析加强基层党员干部队伍作风建设》，《山东工会论坛》2016年第6期。

姜忠刚：《遵循规律　深化认识——切实加强党员干部作风建设》，《数字化用户》2013年第6期。

吴爽：《加强党员干部作风建设的认识与实践》，《工会论坛（山东省工会管理干部学院学报）》2012年第5期。

沈凯：《关于加强党员干部作风建设的几点思考》，《领导科学论坛》（理论）2013年第7期。

Abstract

It is essential for the development of the capital to establish an effective megacity governance system. As the core functional zone of the capital, Xicheng District has taken the lead to do a good job with "four concepts" and persisted in the strategic vision of carrying forward scientific governance in depth and improving the development quality in all aspects. The district has continuously reinforced the function as "four centers", strived to improve the level of "four services", and made important breakthroughs in urban governance capacity and urban development quality. Sub-districts play an irreplaceable role as the pioneer and main force of microscopic governance. 15 sub-districts of Xicheng District have coordinated various resources of respective areas based on their own development situations. Their practices include exploring the ways to establish the regional mode for Party construction, strengthening lean urban management, improving public services, refining the integrated enforcement system, and exploring innovative practices for grassroots governance. They have continuously injected new connotations into grassroots governance and provided duplicable and easy-to-operate live experience for grassroots organizations, and their experience and practices are of great importance for Chinese metropolises to improve concepts and find new ways out to strengthen grassroots governance.

Against the background of implementing the newly amended Overall Plan and building a model of harmonious and livable sub-district, *the Development of Beijing's Sub-district Offices No. 2: Yuetan Chapter*, carries out analysis and discussion on the sub-district in taking the lead to conduct all-dimensional urban examination and implementing the arrangement of Xicheng District to tackle the urban diseases. Meanwhile, in light of the actual situation of Yuetan, after analyzing the regional public service situation, the theoretical research was carried out from three aspects: the government purchasing of social services, the "1 + N" regional Party building and the community governance evaluation system. Comprehensive analysis and experience sharing were conducted from various aspects, including grassroots service-oriented Party organization, community consultation and democracy, development of social development and mobilization organization system, community culture development, public service six "J" mode, general election of the National People's Congress, Party style and clean government, special support work, and petition letters and visits.

On this basis, this book proposes that the practice of "urban examination + neighborhood governance" in Yuetan Sub-district is a major innovation in implementing the newly amended Overall Plan and the functional positioning of the core area of the Capital. It is suggested to solve the problem of "urban disease", establish and improve the block processing mechanism and overall promotion mechanism for urban key areas governance, and effectively enhance the systemic, holistic and synergistic governance of the city, in a bid to foster the formation of urban examination system and neighborhood governance mode in line with the requirements of core area governance, creating the "Yuetan experience" for neighborhood governance.

Contents

I General Report

Abstract: The key to urban examination is to identify problems, while the key to sub-district governance is to solve the problems. Urban examination is a part of the implementation emphasized by the amended Overall Plan of Beijing. It not only enriches the new way of urban development evaluation, but also serves as a new way to crack the "urban diseases" in the core area of the capital and better implement the new practice of "four services". Yuetan Sub-District took the lead in completing urban examination at the sub-district level in the city, and systematically detected "urban illness" from the aspects of population, transportation, public facilities, urban environment, urban security, economy and hotspots. Meanwhile, the sub-district actively pushed forward the implementation of sub-district governance of Xicheng District, exploring a new path for core areas governance featuring urban examination and sub-district governance, with tackling the urban diseases as the target. This paper carries out a comprehensive analysis of the urban diseases identified in the examination of Yuetan Sub-District and based on the analysis, it briefly introduces the measures taken by the sub-district to tackle the diseases, and proposes corresponding suggestions on improving the model of urban examination and sub-district governance.

Keywords: Yuetan; Urban Diseases; Urban Examination; Sub-District Governance

II Data Reports

Abstract: The access to public services is the need for the survival and development of citizens, and also the basic guarantee for the quality of life. It is of great significance to evaluate the quality of life from the residents' sense of gain and satisfaction with regional public services. This paper conducts a questionnaire survey on the community public service and residents' quality of life for the resident population of 27 communities in Yuetan Sub-district, Xicheng District, and learns about the Sub-District organization's public service and residents' satisfaction evaluation. Based on the survey, it draws overall conclusions and proposes concrete suggestions.

Keywords: Yuetan Sub-District; Permanent Population; Public Service; Living Quality

Abstract: The working population is an important participant and promoter of regional development. Providing them with convenient, sustainable and high-quality public services is of great importance to optimizing the development environment and local service level of the region. Therefore, after the first public service survey conducted among the working population in January, 2015, the research group once again conducted a survey on the supply, participation and access to public service among the corporate working population of Yuetan Sub-District in May, 2017. This report analyzes five aspects including service organization popularity, community service participation, regional life convenience, community basic public service satisfaction, and community public service demand, it draws parallel comparisons of the survey results and reaches overall conclusions while offering concrete suggestions.

Keywords: Yuetan Sub-District; Public Service; Working Population; Countermeasures and Suggestions

Ⅲ Theory Reports

B. 4 The Theoretical Basis and Practice of Government Purchasing Social Organization Public Service-Taking Yuetan Sub-District as an Example　　　　　　　　　　　　　　　　　　／055

Abstract: The government's purchase of public services in social organizations helps to streamline administration and delegate power to lower levels, and foster the transformation of government functions, which is an innovation of public service supply. In China, the pattern of the multi-suppliers of public services has gradually formed. As a major participant in the supply of public services, social organizations have gradually received the attention of the government and society, and continuously increased their purchasing power. However, from a general perspective, the system construction that promotes the government's purchase of social organization services is still being explored and improved. This leads to some obstacles in the process of real practice. This paper takes Yuetan Sub-District as an example of the grassroots government purchasing social organization pension services. It analyzes the dilemma that exists in reality and proposes suggestions for further improving the government's purchase of public services from social organizations.

Keywords: Yuetan Sub-District; Public Service; Social Organization; Transformation of Government Functions

B. 5   Study on Urban Community Governance Innovation Driven
by Regional Party Building-Taking "1 + N" Local Party
Building of Yuetan Sub-District as an Example   / 079

Abstract: Along with the reform and opening up, China's economic and social development has undergone profound changes. The organization-based Party building structure gradually deconstructed. In the face of an increasingly diverse and open social structure, the Party's grassroots work is also facing new situations and challenges. In order to adapt to the changes in the social environment in the new era, the Communist Party of China explored and proposed a regional Party building model. There is a cohesive, socially-involved and flat-structured operational mechanism between regional Party building and community governance. At the same time, the two shares common goals as both are faced with the need to maintain social stability and social management services and to consolidate the Party's ruling foundation. This paper provides an analytical perspective from the logical generation and theoretical connotations of regional Party building, as well as from the theory and development of community governance. Combined with the implementation of regional Party building in Yuetan Sub-district to promote its development, this paper focuses on the pluralism of governance, system design, operational mechanism and mode carrier, and proposes feasible measures.

Keywords: Yuetan Sub-District; Regional Party Building; Community Governance; Party Building Association; Systematic Innovation and Integration

B. 6   Study on Evaluation System of Community Governance-Taking
Yuetan Sub-District as an Example   / 099

Abstract: A scientific, effective, concise and easy-to-use community governance evaluation system shall be designed to measure and assess the current

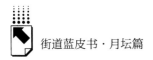

community governance, which will help the government improve the effective implementation in the aspects of decision-making of public affairs and public services, enhance the administrative efficiency of the government and promote the transformation of government governance. In accordance with the basic theoretical connotation and elements of community governance, this paper is based on the systematic analysis theory and community effectiveness theory of urban community governance evaluation, and follows the policy orientation of China's community governance evaluation and the general practice rules of community governance evaluation at home and abroad. In-depth study on the building of the community governance evaluation system in Yuetan Sub-District is conducted, from the goal-orientation, the design of scientific and reasonable evaluation index system, the building of multiple evaluation subjects, to the strengthening of the evaluation system construction, pointing out the effective ways to build and promote the community evaluation system as well as offering countermeasures and suggestions.

Keywords: Yuetan Sub-District; Community Governance; Community Evaluation; Evaluation Criteria System

Ⅳ Survey Reports

Abstract: The issue of petition letters and visits is a comprehensive manifestation in China's economic, political and social problems. The problem of petition letters and visits has been recognized by all walks of life. The handling of letters and visits directly affects the harmony and stability of society. The direction of the design of China's petition system is to solve the petitions at the grassroots level. Therefore, this paper conducts an in-depth study on the grassroots letters and visits work in Yuetan Sub-District, analyzes the overall situation faced by the petition work in the new period and the petitions in the Yuetan area. It has sorted out the specific practices of the petition visits and the problems of the grassroots letters and visits in recent years, and put forward countermeasures and suggestions on how to improve the grassroots petition letters and visits.

Keywords: Yuetan Sub-District; Grassroots Petition; Dilemma and Countermeasures

B. 8 Exploration of Six "J" New Service Concept by Yuetan Sub-district Public Service Hall / 127

Abstract: In recent years, China's economic and social level has continuously improved, and people's requirement for the ability of public services provided by the government has also increased. Governments at all levels constantly promoted the transformation of government functions, improved administrative management methods, and practiced service-oriented government building in a bid to enhance their image. Administrative service centers, public service halls, etc., as the visual embodiment and existence form of sub-district public services, are the places where all public affairs occur and the window that directly serves the people. In order to implement the *Opinions of Xicheng District on Strengthening the Building of Sub-district Public Service Halls*, Yuetan Sub-District strives to build a clean and efficient grassroots public service system, and makes useful explorations on how to improve the environment and quality of public service halls. The new concepts of service, in the six aspects of "clean, peace, sound environment, competition, model and respect" are aimed to meet the public service needs of residents in the area, elevate the public service of Yuetan Sub-district to a new level, with important progress made.

Keywords: Yuetan Sub-District; Public Service Hall; Six "J" New Service Concept

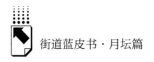

Abstract: Since the implementation of the family planning policy in the country in the early 1970s, China has produced a large number of only children, and the families of the difficulties caused by the death or disability of the only child have been increasing year by year. Therefore, the Beijing Municipal Commission of Population and Family Planning and the Beijing Municipal Finance Bureau jointly issued the *Notice on the Implementation Plan for the Special Support System for the Only Child Family in Beijing* in April 2008, emphasizing the establishment and implementation of a special support system for single-child families and improving the social security system. In order to implement the relevant policies of Beijing Municipality on special support for family planning, Yuetan Sub-District has conducted in-depth research on the special families and special support personnel in the area under the actual conditions of the region, and established a series of special family contact systems. Effective measures to ensure the basic life of the special target of family planning in the jurisdiction are of great significance for improving the population and birth-oriented policy system and embodying social equity.

Keywords: Yuetan Sub-District; Special Support Targets; Social Security

Abstract: Since the 18th National Congress of the Communist Party of China, the implementation of grassroots deliberative democracy and the realization of community pluralistic governance have gradually become an important direction of urban community governance. It is important to make good use of the characteristics and advantages of the deliberative democratic system, carry out the deliberative democracy in the community, and let the residents play an important role in the community management. The Party Working Committee of Yuetan Sub-District in Xicheng District is bold and innovative, and has the courage to explore. It has carried out community governance exploration based on the combination of the use of rules of procedure and community governance, and gradually explored a new path of community consultative democracy featuring rule-making, public deliberation, democracy and execution. The new path of "deliberative democracy, governance and communion" in urban communities has formed a new situation of grassroots deliberative democracy with broad consultation, rich content, diverse forms, scientific procedures, sound systems and remarkable results.

Keywords: Yuetan Sub-District; Deliberative Democracy; Community Consultation and Organization System; Community Consultation System

V　Case Reports

B. 11　Yuetan Model of Public Participation Mechanism under

　　　 the "Central System" 　　　　　　　　　　　　　　 / 173

Abstract: Local governments at all levels are important carriers of social governance innovation in China, playing a key role in social governance and shouldering the main responsibility. Since the reform and opening up, some local governments demonstrated innovative spirit and responsibility in social governance. Therefore, China has accumulated many experiences and explorations on the practical level in terms of social governance innovation. Yuetan Sub-district makes the active exploration in improving governance system and innovating grassroots social management through its "central system" reform and re-design of functions. Among them, the establishment of the social development and mobilization centers based on the function of "identification and evaluation" can successfully tackle the problems such as unavailability of social participation, ineffectiveness and limited recipients of social service, enhancing the accessibility of

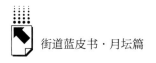

participation in the grassroots governance and democracy of social governance and promoting the democracy in social governance that focusing on the implementation of the "identification and evaluation" function of the society.

Keywords: Social Governance; Social Participation; Identification and Evaluation; Giant Department Reform

B. 12 Ways and Thoughts on Community Culture Development-
Taking Yuetan Sub-District as an Example　　　　　　/ 187

Abstract: The emergence and development of community culture is an important product of social culture progress and urban form transformation. The development of community culture is an indispensable part of urban modernization. At the same time, the development of the community itself is inseparable from the development of community culture. It plays an important role in strengthening the building of socialist spiritual culture and plays an important and positive role in promoting the harmonious development of the community. Based on the specific practices and results of the promotion of community culture development in Yuetan Sub-district centered on five cultures and combinations, this paper summarizes on that the development of community culture should further enhance the residents' awareness of participating in community culture, improving the conditions for building community culture, building a good atmosphere for community culture, enhancing the carrier of community culture development and improving the experience of community comprehensive services.

Keywords: Yuetan Sub-District; Community Culture Development; Social Organization

B. 13 Practice and Innovation of the Election of the Representatives

of the People's Congress in Yuetan Sub-district   / 200

Abstract: The election system for deputies to the National People's Congress is not only the organizational system of the People's Congress system, but also an important part of China's socialist democracy. Doing a good job in the election of deputies to the NPC is of great practical significance for consolidating the country's grassroots political power, strengthening the Party's ruling status, safeguarding the people's right to be the masters of the country, and promoting regional economic development. The election of the 2016 National People's Congress in Yuetan Sub-district was the first election since the electoral law was amended in 2015. It has some new features, new ideas and new explorations. This paper is now analyzing and summarizing the practical experience and exploring the improvement of the electoral system of the NPC deputies.

Keywords: Yuetan Sub-district; NPC Deputy; General Election

B. 14 Practices and Thoughts on Promoting the Development

of Grassroots Service-oriented Party Organization in

Yuetan Sub-district   / 213

Abstract: The 19th National Congress of the Communist Party of China emphasized that it is necessary to strengthen the building of grassroots service-oriented party organizations and make them serve as the main part for consolidating the Party's ruling foundation and improving the Party's ability to govern. It will re-enrich and re-develop the goals and tasks of grassroots Party organizations. Yuetan Sub-district actively responded to the call of the Party and the country, conscientiously grasped the connotation and essence, and promoted the implementation of the pilot work of the municipal party committee to establish grassroots service-oriented party organizations and communities, and focused on

building a grassroots service-oriented Party organization with "three prominences and three persistences". The grassroots Party building has been strengthened, with remarkable results achieved. The positioning and direction of the grassroots Party organization building under the new situation has been clearly defined, and the requirements have been put forward.

Keywords: Yuetan Sub-district; Service-oriented Party Organization; Grassroots Party Building

B. 15 Practices and Thoughts on the Building of Party Style and Clean Government in Yuetan Sub-district   / 223

Abstract: In order to thoroughly study and implement the spirit of the 18th National Congress of the Communist Party of China and the 7th Plenary Session of the Central Commission for Discipline Inspection, the 5th Clean Government Work Conference of the State Council, the 11th Party Congress of Beijing and the 11th Party Congress of Xicheng District, as well as faithfully implement the *Provisions on the Responsibility System for the Building of the Party's Work Style and Clean Government*, Yuetan Sub-district has continuously promoted system building and reform and innovation, vigorously strengthened the building of Party style and clean government, creatively carried out anti-corruption work, and formed a series of long-term mechanism based on the goal of a harmonious society in line with the new situations and tasks of anti-corruption. Through unremitting efforts, the level of Party style and clean government building in Yuetan Sub-district has been continuously improved, the relationship between Party members and the mass has become closer, the people's livelihood has been strengthened, the social environment in the region has been harmonious and stable, and the work of the sub-district has shown a good situation of sustained development.

Keywords: Yuetan Sub-district; Party Style and Clean Government Building; Construction of Working Style; Community Discipline Inspection Organization

社会科学文献出版社 皮书系列

❖ 皮书起源 ❖

"皮书"起源于十七、十八世纪的英国，主要指官方或社会组织正式发表的重要文件或报告，多以"白皮书"命名。在中国，"皮书"这一概念被社会广泛接受，并被成功运作、发展成为一种全新的出版形态，则源于中国社会科学院社会科学文献出版社。

❖ 皮书定义 ❖

皮书是对中国与世界发展状况和热点问题进行年度监测，以专业的角度、专家的视野和实证研究方法，针对某一领域或区域现状与发展态势展开分析和预测，具备原创性、实证性、专业性、连续性、前沿性、时效性等特点的公开出版物，由一系列权威研究报告组成。

❖ 皮书作者 ❖

皮书系列的作者以中国社会科学院、著名高校、地方社会科学院的研究人员为主，多为国内一流研究机构的权威专家学者，他们的看法和观点代表了学界对中国与世界的现实和未来最高水平的解读与分析。

❖ 皮书荣誉 ❖

皮书系列已成为社会科学文献出版社的著名图书品牌和中国社会科学院的知名学术品牌。2016年，皮书系列正式列入"十三五"国家重点出版规划项目；2013~2018年，重点皮书列入中国社会科学院承担的国家哲学社会科学创新工程项目；2018年，59种院外皮书使用"中国社会科学院创新工程学术出版项目"标识。

权威报告·一手数据·特色资源

皮书数据库
ANNUAL REPORT(YEARBOOK)
DATABASE

当代中国经济与社会发展高端智库平台

所获荣誉

- 2016年，入选"'十三五'国家重点电子出版物出版规划骨干工程"
- 2015年，荣获"搜索中国正能量 点赞2015""创新中国科技创新奖"
- 2013年，荣获"中国出版政府奖·网络出版物奖"提名奖
- 连续多年荣获中国数字出版博览会"数字出版·优秀品牌"奖

成为会员

通过网址www.pishu.com.cn访问皮书数据库网站或下载皮书数据库APP，进行手机号码验证或邮箱验证即可成为皮书数据库会员。

会员福利

- 使用手机号码首次注册的会员，账号自动充值100元体验金，可直接购买和查看数据库内容（仅限PC端）。
- 已注册用户购书后可免费获赠100元皮书数据库充值卡。刮开充值卡涂层获取充值密码，登录并进入"会员中心"—"在线充值"—"充值卡充值"，充值成功后即可购买和查看数据库内容（仅限PC端）。
- 会员福利最终解释权归社会科学文献出版社所有。

社会科学文献出版社 皮书系列
SOCIAL SCIENCES ACADEMIC PRESS (CHINA)
卡号：348499521997
密码：

数据库服务热线：400-008-6695
数据库服务QQ：2475522410
数据库服务邮箱：database@ssap.cn
图书销售热线：010-59367070/7028
图书服务QQ：1265056568
图书服务邮箱：duzhe@ssap.cn

S 基本子库
SUB DATABASE

中国社会发展数据库（下设 12 个子库）

全面整合国内外中国社会发展研究成果，汇聚独家统计数据、深度分析报告，涉及社会、人口、政治、教育、法律等 12 个领域，为了解中国社会发展动态、跟踪社会核心热点、分析社会发展趋势提供一站式资源搜索和数据分析与挖掘服务。

中国经济发展数据库（下设 12 个子库）

基于"皮书系列"中涉及中国经济发展的研究资料构建，内容涵盖宏观经济、农业经济、工业经济、产业经济等 12 个重点经济领域，为实时掌控经济运行态势、把握经济发展规律、洞察经济形势、进行经济决策提供参考和依据。

中国行业发展数据库（下设 17 个子库）

以中国国民经济行业分类为依据，覆盖金融业、旅游、医疗卫生、交通运输、能源矿产等 100 多个行业，跟踪分析国民经济相关行业市场运行状况和政策导向，汇集行业发展前沿资讯，为投资、从业及各种经济决策提供理论基础和实践指导。

中国区域发展数据库（下设 6 个子库）

对中国特定区域内的经济、社会、文化等领域现状与发展情况进行深度分析和预测，研究层级至县及县以下行政区，涉及地区、区域经济体、城市、农村等不同维度。为地方经济社会宏观态势研究、发展经验研究、案例分析提供数据服务。

中国文化传媒数据库（下设 18 个子库）

汇聚文化传媒领域专家观点、热点资讯，梳理国内外中国文化发展相关学术研究成果、一手统计数据，涵盖文化产业、新闻传播、电影娱乐、文学艺术、群众文化等 18 个重点研究领域。为文化传媒研究提供相关数据、研究报告和综合分析服务。

世界经济与国际关系数据库（下设 6 个子库）

立足"皮书系列"世界经济、国际关系相关学术资源，整合世界经济、国际政治、世界文化与科技、全球性问题、国际组织与国际法、区域研究 6 大领域研究成果，为世界经济与国际关系研究提供全方位数据分析，为决策和形势研判提供参考。

法律声明

　　"皮书系列"（含蓝皮书、绿皮书、黄皮书）之品牌由社会科学文献出版社最早使用并持续至今，现已被中国图书市场所熟知。"皮书系列"的相关商标已在中华人民共和国国家工商行政管理总局商标局注册，如 LOGO（ ）、皮书、Pishu、经济蓝皮书、社会蓝皮书等。"皮书系列"图书的注册商标专用权及封面设计、版式设计的著作权均为社会科学文献出版社所有。未经社会科学文献出版社书面授权许可，任何使用与"皮书系列"图书注册商标、封面设计、版式设计相同或者近似的文字、图形或其组合的行为均系侵权行为。

　　经作者授权，本书的专有出版权及信息网络传播权等为社会科学文献出版社享有。未经社会科学文献出版社书面授权许可，任何就本书内容的复制、发行或以数字形式进行网络传播的行为均系侵权行为。

　　社会科学文献出版社将通过法律途径追究上述侵权行为的法律责任，维护自身合法权益。

　　欢迎社会各界人士对侵犯社会科学文献出版社上述权利的侵权行为进行举报。电话：010-59367121，电子邮箱：fawubu@ssap.cn。

社会科学文献出版社